UNION INTERPARLEMENTAIRE

POUR

L'ARBITRAGE INTERNATIONAL

SESSION DE 1900

COMPTE RENDU

DE LA Xᴱ CONFÉRENCE

TENUE À PARIS, PALAIS DU SÉNAT,

DU 31 JUILLET AU 3 AOÛT 1900

PARIS

IMPRIMERIE NATIONALE

MDCCCCI

UNION INTERPARLEMENTAIRE

POUR

L'ARBITRAGE INTERNATIONAL.

SESSION DE 1900

COMPTE RENDU
DE LA Xᴱ CONFÉRENCE

TENUE À PARIS, PALAIS DU SÉNAT,

DU 31 JUILLET AU 3 AOÛT 1900

UNION INTERPARLEMENTAIRE

POUR

L'ARBITRAGE INTERNATIONAL

SESSION DE 1900

COMPTE RENDU
DE LA Xᴱ CONFÉRENCE

TENUE À PARIS, PALAIS DU SÉNAT,

DU 31 JUILLET AU 3 AOÛT 1900

PARIS

IMPRIMERIE NATIONALE

MDCCCCI

UNION INTERPARLEMENTAIRE

POUR

L'ARBITRAGE INTERNATIONAL.

CONVOCATION, ORGANISATION, ORDRE DU JOUR,

DURÉE DE LA Xe CONFÉRENCE, SÉANCES DU CONSEIL DE L'UNION,

AUDIENCE DU PRÉSIDENT DE LA RÉPUBLIQUE,

ADRESSE DES MEMBRES DES PARLEMENTS ÉTRANGERS.

Depuis 1888, une conférence de membres des divers Parlements de l'Europe se réunit, à peu près chaque année, pour étudier les mesures favorables à l'amélioration des relations internationales, notamment par l'organisation de l'arbitrage entre les nations.

Ces réunions périodiques n'ont pas eu seulement pour but de provoquer des études théoriques, elles ont eu également pour résultat de dissiper bien des préventions; nous pouvons même affirmer que les dernières sessions n'ont pas été étrangères à l'œuvre de la Conférence de la Haye, où plusieurs des membres de l'Union avaient été délégués par leur Gouvernement.

Après les sessions tenues successivement à Paris, Londres, Rome, Berne, la Haye, Bruxelles, Budapest, l'Union interparlementaire a siégé à Christiania, dans la salle des séances du Storthing, sous la présidence de M. Lund, président du Lagthing, et de M. Horst, président du Odelsthing.

Le 4 août 1899, à la fin de la dernière séance, sur la proposition de M. Émile Labiche, président du groupe français, l'assemblée décida que la session de 1900 aurait lieu à Paris.

Le 9 avril suivant, le Conseil de l'Union, réuni à Bruxelles, au palais de la Nation, sous la présidence de M. Beernaert, président de la Chambre belge, arrêta l'ordre du jour de la Conférence de 1900 et décida qu'elle serait ouverte le 31 juillet, à 10 heures du matin, dans la salle des séances du Sénat français, offerte par le président du Sénat, M. Fallières, pour la réunion de la Conférence, dont il avait bien voulu accepter la présidence.

Le 7 juin 1900, les délégués du groupe français adressèrent à leurs collègues étrangers l'invitation de venir à Paris, au milieu des splendeurs de l'Art et de l'Industrie, groupées dans l'Exposition universelle, célébrer cette œuvre de paix et de civilisation, et travailler au progrès des idées de justice, de liberté et de fraternité.

Afin de faciliter la réunion de la Conférence, des billets, permettant de faire gratuitement le voyage de la frontière à

Paris et retour, furent mis à la disposition des membres de l'Union.

Des cartes d'entrée permanente à l'Exposition leur furent offertes, et, par les soins d'un comité, composé de MM. Émile Labiche, de la Batut et Bertrand, des réceptions et des fêtes furent préparées pour célébrer la présence à Paris des membres des Parlements étrangers et de leurs familles.

Déjà près de cinq cents membres des Parlements étrangers avaient annoncé leur arrivée à Paris, lorsque, le 30 juillet, la veille même de l'ouverture de la session, une douloureuse nouvelle, celle de l'assassinat de S. M. Humbert, roi d'Italie, rappela à Rome tous les membres du Parlement italien et eut pour conséquence la suppression des fêtes et des banquets préparés en l'honneur des membres de l'Union.

Dès le 30 juillet et tous les jours suivants, pendant la durée de la session, c'est-à-dire du 31 juillet au 3 août, le Conseil de l'Union interparlementaire s'est réuni, au palais du Sénat, sous la présidence de M. Émile Labiche, afin de délibérer, conformément à l'article 8 des statuts, sur les propositions dues à l'initiative des membres de la Conférence et d'arrêter l'ordre du jour des séances publiques, en modifiant ou complétant, s'il y avait lieu, l'ordre du jour général préparé à Bruxelles le 9 avril précédent.

B.

Cet ordre du jour avait été fixé ainsi qu'il suit :

I. Rapports sur la sixième résolution de la Conférence de Christiania (application de l'article 29 de la Conférence de la Haye. — Compléments à donner aux décisions de cette conférence).

II. Organisation de l'Union de la presse pour l'arbitrage international et la paix (proposition de M. le comte Apponyi, au nom du groupe hongrois).

III. Pacigérat (droits de la paix en temps de guerre) [proposition de M. le chevalier Descamps, sénateur belge].

IV. Rapport annuel du Conseil interparlementaire.

V. Fixation du siège de la prochaine Conférence.

VI. Nomination des membres du Conseil interparlementaire.

VII. Propositions dues à l'initiative des membres de la Conférence, présentées conformément à l'article 8 des statuts.

Une première motion, due à l'initiative de membres des Parlements étrangers, décida le Conseil à demander l'abandon de toutes les réjouissances officielles préparées par les délégués français. Cette résolution fut votée à l'unanimité comme témoignage de condoléance pour le deuil de la nation italienne et de regret pour le départ des sénateurs et des députés d'Italie.

Dans une séance suivante, le Conseil, saisi d'une demande d'admission à la Conférence des représentants des Républiques sud-africaines, décida de proposer leur admission, sous la réserve que cette mesure, prise d'accord avec les délégués de la Grande-Bretagne, ne devrait pas être considérée comme ayant une signification peu amicale à l'égard des parlementaires anglais, membres de l'Union.

Enfin, les délégués des Parlements étrangers exprimèrent à leurs collègues français leur très vif désir d'avoir l'honneur d'être reçus eux, ainsi que leurs familles, au palais de l'Élysée, afin de présenter leurs hommages au Président de la République, en le priant d'agréer l'assurance de leur gratitude pour l'hospitalité qu'ils recevaient en France.

Conformément à leur désir, les membres de la Conférence furent invités à se rendre avec leurs familles, le 2 août, au palais de l'Élysée.

M. Beernaert, ancien président du Conseil des ministres, président de la Chambre des représentants de Belgique, donna lecture à M. le Président de la République de l'adresse suivante, portant la signature des délégués des dix-neuf nations représentées à la Xe Conférence :

MONSIEUR LE PRÉSIDENT,

L'Union interparlementaire pour l'arbitrage a été fondée à Paris en 1888. Elle tient en ce moment sa dixième session, et c'est pour la seconde fois que nous siégeons dans la capitale de la France.

Mais au moment où votre grand pays célèbre, avec un éclat sans précédent, la fête de la Paix et du Progrès, notre choix était d'avance tout indiqué.

Nous venons, Monsieur le Président, vous exprimer nos sentiments de respect pour le premier magistrat de la République, l'admiration que nous fait ressentir le spectacle que Paris donne en ce moment au monde et notre reconnaissance pour l'hospitalité que nous y recevons.

A côté d'efforts artistiques et industriels vraiment gigantesques et de l'incomparable aspect de l'Exposition qui en réunit les merveilles, Paris se préoccupe de tous les problèmes de l'heure présente. Il y a ici comme un assaut de bon vouloir et de travaux utiles et féconds.

Puisse-t-il en résulter de nouveaux pas en avant dans la voie du bien! Et que, de plus en plus, se développent et se consolident les sentiments de fraternelle union entre votre beau pays et les nôtres!

Veuillez agréer, Monsieur le Président, l'hommage de notre profond respect.

M. le Président de la République, après avoir remercié M. Beernaert, en quelques paroles de cordiale courtoisie, des témoignages de sympathie qu'il venait de lui adresser, le pria de féliciter ses collègues de l'Union interparlementaire de leurs efforts persévérants en faveur de la grande cause de la Paix.

M. le Président ajouta que nul plus que lui ne faisait des vœux sincères pour le progrès des idées de sagesse, de justice et de fraternité qui inspirent les membres de l'Union.

Déjà les résultats obtenus au Congrès de la Haye, en ce qui concerne le principe de l'arbitrage international, sont de nature à donner confiance qu'on peut espérer voir diminuer de plus en plus les dangers de conflits entre les peuples civilisés.

A la demande de M. le Président Loubet, les délégués des Parlements des dix-neuf nations représentées à la Conférence lui furent successivement présentés par M. Émile Labiche.

En même temps, Mme Loubet recevait, avec l'accueil le plus gracieux, les femmes et les filles des délégués, en les remerciant des gerbes de fleurs que plusieurs de ces dames avaient tenu à lui offrir.

En quittant les jardins de l'Élysée, les membres de la Conférence et leurs familles furent invités à prendre place sur des bateaux à vapeur pour avoir la vue des palais de l'Exposition et des monuments qui bordent les deux rives de la Seine jusqu'à l'Hôtel de Ville de Paris, où ils furent reçus par le Préfet de la Seine et par le Président du Conseil municipal.

Après la clôture de la session, un des secrétaires de la Conférence est resté à la disposition des membres de l'Union, afin de leur faciliter l'accès des cérémonies et des fêtes qui pourraient avoir lieu pendant toute la durée de leur séjour à Paris.

COMPTE RENDU
DE LA Xᴱ CONFÉRENCE

TENUE À PARIS, PALAIS DU SÉNAT,

DU 31 JUILLET AU 3 AOÛT 1900.

PREMIÈRE SÉANCE.

SÉANCE D'OUVERTURE DU 31 JUILLET 1900,

PRÉSIDENCE DE M. FALLIÈRES.

La séance est ouverte à 10 heures du matin, à Paris, dans la salle des séances du Sénat, au Palais du Luxembourg. Plus de trois cents membres de l'Union assistent à cette séance.

M. Fallières, président du Sénat de la République française, est au fauteuil de la présidence. Il est assisté de MM. Pirquet, Stanhope, Beernaert, Apponyi, Hirsch et Gobat.

M. Fallières déclare la séance ouverte et prononce l'allocution suivante :

Messieurs,

Avant de m'asseoir au fauteuil, un double devoir s'impose à moi.

J'ai d'abord à vous dire combien je suis touché de l'honneur que je vous dois de présider à l'inauguration de vos travaux. Permettez-moi de vous offrir en retour l'hommage de ma sincère gratitude.

J'ai ensuite à souhaiter à nos hôtes étrangers la plus respectueuse et la plus cordiale bienvenue. En acceptant l'hospitatité de la France, l'Union interparlementaire nous a fait ses invités.

A la faveur de l'Exposition universelle, qui restera dans le souvenir des nations comme une des plus grandioses manifestations du génie de la paix, Paris est devenu le rendez-vous de ceux que les sciences, dans leur généralité et leur bienfaisante action, comptent au nombre de leurs représentants les plus éclairés et les plus éminents. Ils n'y sont pas venus seulement pour admirer la marche triomphale du progrès; ils y sont venus aussi pour y délibérer en commun, avec leurs collègues de tous les pays, sur des questions qui touchent aux intérêts supérieurs de la civilisation et de l'humanité! (*Applaudissements.*)

Vous ajoutez, Messieurs, par votre présence dans ce palais, à l'éclat de ces assises internationales, et les amis de la paix auront grande joie à vous entendre affirmer votre confiance dans les destinées de l'œuvre au succès de laquelle vous avez voué tout ce que vous avez d'intelligence, de cœur et de persévérante énergie.

Aux sympathies qui vous accueillent, vous pouvez mesurer le degré d'intérêt qui s'attache à votre histoire. Elle est courte, sans doute; mais comme elle est bien remplie! Il y a, en effet, à peine dix ans que vous avez groupé, en un faisceau désormais indissoluble, des efforts généreux qui jusque-là restaient disséminés, sans avantages marqués, sur tous les points du monde civilisé. Dix ans, dans la vie des peuples, c'est bien moins assurément que la seconde qui passe et que le temps emporte; mais cette seconde ne suffit-elle pas pour que la semence touche la terre et qu'elle y dépose les germes de la moisson prochaine?

Cette moisson, si nous ne sommes pas assez heureux pour la cueillir nous-mêmes, pourquoi nous défendre de la pensée que nos enfants en jouiront un jour?

Grâce à vous, nous sommes déjà loin de l'époque où la conception de l'arbitrage était considérée comme un jeu de l'esprit ou une hardiesse condamnée par ce que l'on a coutume d'appeler, partout où se dresse une opposition injustifiée, la « sagesse des nations ». Aujourd'hui, il faut faire la part de l'évidence. Des tentatives qui ont abouti sont là pour démontrer qu'il en est des peuples comme des hommes, et que, pour les premiers comme pour les seconds; il n'y a pas de résistance qui ne disparaisse, à la longue, devant la toute-puissance d'une idée, quand une idée puise sa force à la source sainte de la fraternité! (*Vifs applaudissements.*)

N'avons-nous pas vu, l'année dernière, siéger au Quai d'Orsay un tribunal arbitral qui, après des audiences laborieuses et des débats éclairés, a mis un terme au différend né d'une délimitation de frontière, au Vénézuéla, entre deux des plus grandes nations du globe, l'Angleterre et les États-Unis de l'Amérique du Nord?

N'est-ce pas à la même époque que la conférence de la Haye, dont plusieurs d'entre vous faisaient partie, a ouvert un horizon nouveau à l'arbitrage international? Il y en a qui s'imaginent que consacrer un principe par une simple déclaration législative, sans en rendre l'application obligatoire, c'est ne rien faire d'utile à la cause que l'on prétend servir. A penser ainsi, on méconnaît et les leçons de l'histoire et la vertu d'attraction qu'exercent autour d'eux ces foyers de lumière et de raison qu'à de certaines heures le génie ou la prévoyance des hommes allume sur les sommets pour éclairer la marche incertaine du progrès!

Les conflits des nations sont, à coup sûr, de tous, les plus redoutables. Il en est d'autres cependant qui, pour être moins graves, n'en sont pas moins, à certains moments, la cause des plus poignantes angoisses. Les conditions du travail mal comprises ou injustement établies amènent parfois entre patrons et ouvriers des luttes qui, sans parler des violences qui les peuvent déshonorer, traînent misérablement après elles le cortège inévitable des plus dures privations, et trop souvent, hélas! des plus cruelles souffrances. (*Applaudissements.*)

Il y a quelques années, pour essayer d'arrêter le mal à son début, nous avons, en France, établi par une loi l'arbitrage facultatif. Pour si imparfaite qu'ait apparu et qu'apparaisse encore cette mesure dénuée de sanction, il faut reconnaître qu'elle a porté ses fruits. Elles se comptent, — et ce n'étaient pas les moins menaçantes, — les grèves dont on a pu, par là, prévenir la déclaration, abréger la durée ou conjurer les catastrophes.

Ce résultat méritait d'être signalé; et, si les lois générales qui gouvernent les peuples sont les mêmes que celles qui règlent la conduite des hommes, quel sujet de confiance dans l'avenir!

Nous avons trop l'expérience des choses pour nous leurrer du chimérique espoir que nous touchons au but. Mais que rien ne lasse notre patience! Les préjugés, les appétits ne sont pas, partout et toujours, les seuls maîtres du monde. Il y a au-dessus d'eux, les dominant de toute la hauteur de la conscience humaine, le droit, l'équité, la justice!

Vous êtes des hommes de parole et de plume : vous avez la foi des apôtres. Poursuivez courageusement votre œuvre; faites comprendre aux nations qu'il y a plus de gloire pour elles à incliner leur toute-puissance devant une simple décision arbitrale, qu'à rechercher sur le champ de bataille le triomphe sanglant de la force, et vous aurez bien mérité de vos patries et de l'humanité! (*Salve d'applaudissements.*)

M. le président FALLIÈRES. Nous avons tous été profondément émus de l'attentat dont a été victime Sa Majesté le Roi d'Italie. Je propose à la Conférence d'envoyer à M. le Président de la Chambre italienne et à M. le Président du Sénat italien la dépêche suivante :

L'Union interparlementaire pour l'arbitrage international et la paix, réunie en conférence à Paris, s'associant au deuil de la grande nation italienne et protestant avec indignation contre l'odieux attentat dont le roi Humbert a été victime,

A l'honneur d'offrir à M. le Président du Sénat et à M. le Président de la Chambre des députés d'Italie l'hommage respectueux de ses sincères condoléances.

Cette proposition est adoptée à l'unanimité.

M. MONIS, *garde des sceaux*, expose qu'il a été désigné par le Gouvernement de la République pour offrir à l'Assemblée ses souhaits de bienvenue.

Il s'associe aux vœux exprimés, en termes éloquents, par M. le président Fallières, pour le succès des travaux de l'Union interparlementaire, en vue de faire régner, enfin, entre les nations civilisées, une paix durable fondée sur le droit et la justice. (*Vifs applaudissements.*)

M. le Président. La parole est à M. le chevalier Descamps pour exposer son rapport sur le pacigérat, rapport qui a été distribué à tous les membres de la Conférence.

M. le chevalier Descamps (*Belgique*). Dans le rapport que j'ai eu l'honneur de présenter à la Conférence[1], j'ai signalé l'importance d'une donnée nouvelle à introduire dans le droit international moderne : la donnée du pacigérat, expression adéquate du régime juridique de la paix en temps de guerre.

Je me suis efforcé de poser le problème des relations entre belligérants et non belligérants dans toute son ampleur et dans sa vraie lumière. J'ai montré l'impossibilité de fonder sur la seule notion de la neutralité une conception exacte et un système ordonné des rapports entre États grevés d'une guerre particulière et peuples demeurés, sur toute la ligne, pacifiques. C'est ainsi que j'ai été amené à mettre en regard de la notion de la neutralité négative et des difficultés qu'elle engendre le principe du pacigérat positif et ses applications à une des matières les plus délicates du droit des gens.

Me plaçant présentement à un autre point de vue, au point de vue historique, je voudrais essayer de montrer comment le développement, à travers les siècles, du régime de la neutralité aboutit à la constitution moderne du pacigérat. Je tâcherai de résumer

[1] Voir annexe I, page 127.

ici, à l'intention des membres de la Conférence, des idées que j'ai longtemps mûries, que j'ai formulées pour la première fois dans une Étude fondamentale sur le droit de la paix et de la guerre, et que je crois fécondes en conséquence pour le progrès du droit des gens et pour le bien général de l'humanité.

Je suis particulièrement heureux de le faire à cette grande tribune du Sénat français, qui a retenti de tant de paroles éloquentes, inspirées par l'amour du progrès, et d'où ma voix, tombant de plus haut, peut espérer d'être plus largement entendue.

Au cours de la vie des peuples, il arrive un moment où ce que l'on peut appeler le moule dans lequel a pris forme une question déterminée éclate de toutes parts sous la poussée des idées et des faits. Faut-il s'attarder alors à vouloir perpétuellement reconstituer ce moule en rassemblant tant bien que mal ses débris? Faut-il, au contraire, donner à la question, agrandie dans ses horizons, un cadre nouveau répondant à tous les besoins? Les hommes de progrès répondent résolument dans le dernier sens.

Les relations juridiques entre belligérants et non belligérants sont loin d'avoir été toujours envisagées de la même manière.

De profondes, d'heureuses transformations se sont opérées dans la loi régulatrice de ces rapports. Les changements se sont réalisés peu à peu, à travers mille vicissitudes, les succès alternant avec les revers. Pour de multiples raisons, dont quelques-unes sont saisissables de prime aspect, les progrès sont plus lents à se produire en droit international que dans les autres branches du droit. Ils peuvent même échapper à l'observation de ceux qui bornent leurs regards à un petit nombre de faits et à un court laps de temps. Cependant, en dépit des échecs partiels et des reculs momentanés qui tendent à entraver leur marche, ces progrès sont incontestables. A d'anciennes pratiques, définitivement abandonnées, succèdent des coutumes meilleures, sanctionnées par l'adhésion de tous. Des traités généraux, déterminateurs d'un droit desgens nouveau, substituent des règles plus parfaites à des règles reconnues défectueuses. Des conventions particulières, après avoir servi de norme aux parties contractantes, finissent par être universellement acceptées. Les actes de l'autorité publique dans les divers États, en tant qu'ils ont une portée internationale, peuvent, à leur tour, concourir à l'élaboration et à la manifestation d'un droit commun aux nations. La conscience juridique internationale s'épure à la lumière des travaux des jurisconsultes; elle se reflète dans la sagesse des hommes d'État vraiment dignes de ce nom; elle trouve de puissants auxiliaires dans tous les facteurs économiques et moraux, politiques et sociaux qui concourent au rayonnement de la civilisation dans le monde. Ainsi s'opère l'évolution progressive du droit des gens. C'est elle que nous voulons suivre à la trace, en indiquant les grandes étapes du régime applicable aux rapports entre les belligérants et la société des nations pacifiques.

Lorsqu'une guerre éclate de nos jours entre deux États, rien ne semble plus naturel que l'attitude d'autres États s'abstenant de prendre parti pour l'un ou pour l'autre des belligérants. Cette attitude n'a pas toujours été considérée comme légitime en soi. Au point de départ de l'institution que nous étudions, nous constatons plutôt *l'absence de place autorisée pour la neutralité dans les rapports internationaux.*

Sans doute, les peuples antiques connaissaient — à côté de certaines immunités analogues aux neutralisations modernes — la situation d'États qui demeuraient ou s'efforçaient de demeurer étrangers à une guerre entre d'autres États. Et l'on peut recueillir des témoignages où cette situation est appréciée d'une manière qui n'est pas étrangère aux vues modernes sur la neutralité.

Mais ces éclairs précurseurs ne sont pas l'expression de principes de droit généralement reconnus; ils attestent moins encore des institutions arrivées à un certain développement organique. La neutralité constituait plutôt un fait occasionnel qu'un *status* juridique.

Les obstacles aux communications par terre et par mer réduisaient singulièrement, dans la plupart des cas, la sphère où il pût être effectivement question d'opter entre la participation ou la non-participation aux hostilités. Même dans le cercle ainsi restreint de la vicinité internationale, on ne pouvait guère attendre une attitude analogue à la neutralité, que d'États peu organisés pour la guerre ou déterminés par des circonstances spéciales à un repos momentané. Et, lorsque d'aventure se dessinait pareille attitude, elle n'avait guère de chance d'être acceptée ou tolérée par les belligérants, pour peu qu'ils eussent quelque raison de ne la point admettre et la force nécessaire pour ne la point supporter. Les situations intermédiaires s'effaçaient ou menaçaient de devenir suspectes à chacun des États en lutte : péril extrême aux époques de violence.

La politique romaine, inspirée par un long dessein de domination universelle, était la négation même du principe de la neutralité. Rome excellait à diviser les peuples pour les dompter les uns après les autres et les uns par les autres, mais elle ne tolérait pas plus que des nations observassent la neutralité contre ses intérêts qu'elle n'entendait éventuellement la garder elle-même. Aux nations qu'elle aspirait à grouper sous son sceptre, — et ses visées étaient sans limites, — la Cité de la Force ne laissait point de refuge inviolable. « Il faut avoir les Romains pour alliés ou pour ennemis, leur disait-elle au besoin : il n'y a point de voie moyenne[1]. » Et lorsqu'un peuple entrait comme allié dans l'unité de son empire, Rome lui imposait cette double obligation : respecter la majesté du peuple romain, n'avoir d'amis ou d'ennemis que ceux de ce peuple. La situation de neutre, dit M. Rivier, « était expressément exclue dans les traités d'amitié que Rome faisait avec les autres peuples ». « Qui n'est pas pour moi, disait Rome, est contre moi[2]. »

Il en fut fréquemment de la sorte à l'origine des temps modernes, et même, dans une certaine mesure, à une époque plus rapprochée de nous. Il ne faut pas concevoir, en effet, les phases que nous étudions comme parquées dans des cadres chronologiques séparés, sans aucune compénétration. Ces phases se distinguent par des traits caractéristiques; elles se rattachent à des institutions ou à des événements saillants qui marquent une date et colorent une époque.

Mais les vieux errements n'abdiquent pas ordinairement d'un coup et laissent longtemps, dans toutes les directions, des traces de leur ancien empire.

Être allié en quelque manière ou être ennemi : telle était donc

---

[1] « Romanos aut socios aut hostes habeatis oportet : media nulla via est. » (Tite Live, *Hist.*, xxxii.) — [2] Rivier, *Principes du droit des gens*, 1896, § 210.

l'alternative initiale, celle que connut, pratiqua, systématisa par excellence l'antiquité romaine. Il est manifeste qu'en de telles conjonctures et dans la mesure où pouvaient prévaloir de semblables exigences, le régime de neutralité n'avait pas où prendre pied; il sombrait dans la négation de la donnée même qui lui sert de point de départ.

En émergeant lentement de l'état initial que nous venons de faire connaître, le régime des rapports entre les belligérants et non belligérants a parcouru une première étape que l'on peut caractériser par ce trait : *la neutralité reconnue sous un régime imparfait et inégal.* Remarquons bien le caractère distinctif de cette période : le droit de neutralité n'est plus nié en lui-même, — et c'est un point capital, — mais il se présente à nous sous un aspect déprimé par les exigences des belligérants, altéré par les comportements des neutres.

Pour saisir cette phase d'évolution, nous devons fixer nos regards sur la partie occidentale de l'Empire romain, foulée d'abord par les barbares, puis démembrée par eux en royaumes distincts, germes des souverainetés européennes. C'est sur ce théâtre, en effet, que vont se poursuivre, avec les destinées générales de la civilisation humaine, les progrès de l'existence internationale, en attendant le moment où ces progrès rayonneront puissamment soit sur les contrées moins avancées de l'ancien monde, soit sur des mondes nouveaux ouverts à l'expansion civilisatrice.

Le monde romain — nous l'avons observé — n'offrait point de cadres de cantonnement à la neutralité. Rome voulait des sujets ou des alliés et non des neutres, et l'on sait que toute la portion du globe connue des anciens fut à peu près comprise dans la sphère de la domination romaine.

Le monde barbare, incarnation, à l'origine, de la force brutale sans frein ni règle, ne fournissait pas davantage à la neutralité les éléments d'une évolution progressive. Mais, quand se fut formé sur le sol de l'Europe un ensemble de rayons indépendants ayant une certaine cohésion et possédant, avec l'énergique sentiment d'un droit propre, quelque conscience d'une solidarité commune et d'une justice réciproque, lorsqu'il y eut, de fait, une société des nations chrétiennes, le terrain se trouva préparé à la reconnaissance effective et au développement du droit de neutralité.

Ce développement ne pouvait être d'abord que fort incomplet, et le stage de la neutralité sous un régime imparfait et inégal devait être long. La constitution du droit des neutres sur une base solide est, en effet, le fruit d'une civilisation internationale avancée. Il est même le signe par excellence d'une telle civilisation : n'atteste-t-il pas, en effet, l'existence d'une pondération, difficile à réaliser entre toutes dans une société d'États souverains, entre les éléments conservateurs de la paix juridique et tous les facteurs qui tendent à l'exaltation de la force par la guerre ?

On peut étendre cette phase d'évolution de la neutralité jusqu'à l'époque des alliances de neutralité armée, à la fin du xviiie siècle, en attachant à cette dernière date la marque d'une orientation nouvelle plutôt que la signification d'un brusque point d'arrêt.

Le trait saillant de cette époque, c'est la prédominance abusive des prétentions des belligérants sur les revendications des neutres.

2.

Emportés par la fureur de la lutte, ne voyant que le but à atteindre, — nuire à l'ennemi et le réduire, — les États en guerre, rencontrant sur leur chemin les droits de peuples pacifiques souvent plus faibles, ont toujours été portés à faire litière de ces droits. L'histoire nous les montre outrant sans cesse les exigences de la guerre et ne s'arrêtant, le plus souvent, dans la voie des mesures arbitraires à l'égard des neutres, que devant la crainte de résistances trop vives ou devant l'intérêt qu'ils pouvaient avoir, dans certains cas, à ménager tel ou tel peuple.

Ajoutons qu'il s'est rencontré des jurisconsultes assez prévenus par le spectacle de continuelles violences ou assez dominés par le désir de justifier à tout prix les procédés de leur pays, pour soutenir les prétentions les plus exorbitantes des belligérants et pour les étayer de quelque appareil scientifique. C'est ainsi qu'on a essayé, à grand renfort d'arguments, de légitimer, dans la guerre continentale, la violation du territoire neutre, et, dans la guerre maritime, les entraves les plus radicales au commerce et à la navigation de tous les peuples.

Tant que la guerre put être considérée comme « un état permanent de violences indéterminées entre les hommes », — suivant la sinistre et rétrograde définition que nous a laissée Martens[1], — une telle conception exerça sur le régime des neutres de fatales répercussions. L'organisation de la neutralité suppose, en effet, quelque frein posé à la fureur des combats, une situation où il n'y a plus équation entre la guerre et tout ce que peut la force.

Reconnaissons, d'autre part, que la configuration de l'ancienne

[1] F. DE MARTENS, *Traité de droit international,* traduit par Léo, t. III, p. 318.

Europe, avec ses morcellements et ses enclaves, explique à certains points de vue, sans les justifier, nombre d'actes de flagrante injustice commis en violation du droit des neutres, chez eux, sur leur propre territoire.

En ce qui concerne le commerce des neutres, surtout le commerce maritime, la facilité pour certaines puissances d'imposer leur loi sur mer et les avantages attachés à une telle hégémonie nous fournissent l'explication de multiples vexations.

Toutes les entreprises n'étaient-elles pas d'ailleurs favorisées par l'absence d'un équilibre international assez affermi pour empêcher les États forts de contraindre les autres à subir à merci les conséquences de la guerre! Les abus furent extrêmes, monstrueux, innombrables; et l'on vit, dit M. de Martens, des puissances déclarer la guerre dans le seul but de porter un coup au commerce des neutres [1].

Fait digne de remarque : dans cette situation troublée, les États neutres n'entendaient guère mieux les devoirs inhérents à leur position que les belligérants ne comprenaient les leurs. Il n'est pas rare de voir ces États, tout en prétendant demeurer étrangers à une lutte armée, commettre ou autoriser des actes hostiles à tel ou tel belligérant, — levée de troupes, équipement de corsaires, subsides, — soit en vertu de stipulations antérieures à la guerre, soit même indépendamment de telles stipulations. Pour les neutres aussi, l'intérêt, la crainte d'être attaqués constituaient le plus souvent, en fait, la limite des comportements à observer à l'égard des États en guerre.

[1] G.-F. DE MARTENS, *Précis du droit des gens*, § 263.

Au fond, c'était des deux côtés, dans une fort large mesure, le régime de la licence avec ses incertitudes et ses surprises. Ce régime trouve sa formule scientifique dans la thèse de l'inconciliabilité des droits respectifs des belligérants et des neutres, avec cette conclusion : l'abandon des uns et des autres à leurs tendances opposées, avec leurs prétentions mal définies et non réglées, sauf pour chacun, à se tirer comme il peut de l'aventure où il se trouve éventuellement engagé. Régime d'aventure, en effet, où la politique primait le droit et dont le résultat pratique le plus clair était la dictature des belligérants sur les peuples pacifiques.

L'établissement d'un régime plus conforme à la raison et à la justice s'est développé à travers mille obstacles, par une série de conquêtes sur les prétentions des belligérants. Conquêtes toujours difficiles, car les États les plus portés à outrer les droits de la guerre sont ordinairement des États puissants, auxquels il est malaisé de prouver que la raison du plus fort n'est pas toujours la meilleure. Certaines Puissances avaient d'ailleurs un si grand intérêt à continuer leurs errements, surtout en matière de guerre maritime, que l'on comprend sans peine leur acharnement à défendre des abus devenus traditionnels et pour le maintien desquels les prétextes spécieux ne manquaient point. Ne fallait-il pas empêcher, par tous moyens, tout renforcement de l'adversaire, et la nécessité n'était-elle pas la loi suprême de la guerre?

Cependant, au milieu des violences où sombrait à chaque instant le bon droit, un regard observateur pouvait démêler certains éléments qui préparaient le terrain à une heureuse évolution, certains facteurs qui devaient travailler persévéramment à réaliser le progrès.

L'influence du christianisme, les progrès du commerce international et l'extension générale des rapports entre les États doivent être signalés comme de très puissantes causes de l'avènement d'un régime meilleur.

En ce qui concerne un point capital, — le trafic maritime, — les peuples navigateurs avaient compris de bonne heure la nécessité de donner des gages de sécurité au commerce des neutres en temps de guerre. Si le *Consulat de la mer* — cet antique recueil de coutumes en vigueur d'abord dans le bassin de la Méditerranée — admettait la confiscation de la propriété ennemie, sous quelque pavillon qu'elle se rencontrât, il reconnaissait d'autre part l'immunité de la propriété neutre sous ce double aspect : la marchandise neutre embarquée sur vaisseau ennemi, le navire neutre affecté au transport de cargaison ennemie [1].

Le droit maritime de l'Europe septentrionale ne laissa point de s'inspirer, à son tour, des règles d'immunité que nous venons de signaler. Et l'on sait que les villes hanséatiques, en dépit de leurs procédés souvent vexatoires, obtinrent des privilèges plus considérables encore en faveur de leur commerce, spécialement en ce qui concerne le respect de leur pavillon et de l'industrie du transport.

Mais ce régime où tendait à se réaliser, en une mesure remarquable, la conciliation des intérêts en présence, se désorganisa prématurément sous la poussée d'intérêts nouveaux que surexcita la découverte de mondes inconnus, sous l'empire de rivalités aussi

---

[1] Le *Consulat de la mer* ne renferme pas de dispositions concernant la contrebande de guerre. Les *Rôles d'Oléron* et *Visby Sjolag* précisent, au contraire, ce point.

désastreuses que prolongées entre les grandes Puissances maritimes. Le commerce, qui pouvait et devait être pour toutes les
nations une source de prospérité, devint l'objet des plus terribles
jalousies et des plus odieuses vexations. Les visées à la domination
sur mer firent abandonner les avantages d'une réglementation
générale et conciliante des conditions des échanges, et les hégémo-
nies qui sortirent de luttes acharnées firent lourdement sentir aux
neutres les effets de leur toute-puissance.

Cette extrême jalousie des Puissances rivales dont nous venons
de constater les pernicieux effets dans un domaine capital, se ma-
nifesta, à un autre point de vue, dans des conditions qui la trans-
formèrent en une cause remarquable — importante à signaler
à son tour — du développement du régime de la neutralité.

Nous avons dit qu'à l'arbitraire des belligérants correspondait
autrefois, dans une mesure singulière, la licence des neutres, les
uns et les autres se montrant peu scrupuleux observateurs de
devoirs qui semblent élémentaires. Dans cette situation, l'intérêt
des belligérants devait fréquemment les porter à se ménager, par
voie d'engagements particuliers, une attitude plus sûrement et
plus strictement neutre de la part de telle ou telle Puissance.
Aussi, lorsque se produisit, avec le développement de la diplomatie,
une tendance marquée à la réglementation contractuelle des rapports entre les divers États, de nombreuses conventions renfer-
mèrent-elles des stipulations de neutralité plus ou moins organisée
en prévision de guerres futures. « On se promettait, dans des
traités d'alliance défensive ou d'amitié, de ne jamais secourir les

ennemis futurs de ses alliés ou amis, et d'empêcher aussi ses sujets de leur prêter assistance[1]. » La prévoyance jalouse des belligérants multiplia ces conventions particulières, dont la teneur mettait les nations sur la voie d'une conception plus exacte, à certains égards, de l'état de neutralité.

Au point de vue de l'intérêt spécial des peuples pacifiques, on saisit l'avantage de pactes de neutralité conclus avec chacun des belligérants, ayant pour conséquence une abstention des hostilités consentie par les deux adversaires et permettant de rendre à l'un et à l'autre les communs services d'humanité. Grotius insiste sur ce point dans les quelques pages consacrées par lui au droit des neutres[2].

Sans doute, ces stipulations pouvaient faire prendre le change sur la nature vraie du droit de neutralité et tendre à déplacer, en quelque sorte, l'axe de ce droit, en lui donnant un caractère plutôt conventionnel. Mais elles consacraient, d'autre part, sur des points de décision libre ou de solution douteuse, un développement du droit des gens conventionnel d'autant plus important, que la conscience juridique internationale était plus faible et plus vacillante.

Le caractère vraiment intolérable des abus commis par cer-

---

[1] Geffken sur Heffter, § 144, note. Voir les nombreux traités cités par Hall, *The right and duties of neutrals*, p. 28. Un des plus anciens traités entre l'Angleterre et la France, en date de 1303, renferme la stipulation suivante : « Accordé que l'un ne receptera ne soustendra, ne confortera ne sera confort ne ayde aux ennemis de l'autre » (Rymer, *Fœdera*, t. III, p. 927).

[2] Grotius, *De jure belli ac pacis*, lib. III, cap. xvii *in fine*.

tains belligérants et l'irrésistible besoin, qui en résulta, de porter remède à de telles violences, peuvent être signalés comme la cause déterminante la plus prochaine des changements apportés au régime de la neutralité. Comme il arrive souvent dans les affaires humaines, l'excès du mal devint le point de départ des réformes nécessaires.

A coup sûr, l'Angleterre se distingua particulièrement dans l'art d'outrer les droits vrais ou prétendus des belligérants, tout en prétendant conserver en principe les traditions du Consulat de la mer. Tant de formes manifestement licites du commerce avec l'ennemi, prohibées; la notion de la contrebande de guerre démesurément étendue; l'institution des blocus fictifs ou sur le papier; l'interdiction de trafics nouveaux; l'opposition générale à toute franchise revendiquée pour le pavillon des neutres; la pratique effrénée de la visite et de la fouille dans les conditions les plus dommageables au commerce des nations pacifiques, attestent la variété des moyens mis en œuvre par le génie anglais dans la réalisation d'une fin constamment la même.

Mais les autres puissances maritimes, grandes et petites, furent loin d'être sans reproche. Il est juste, après cela, de reconnaître que les abus commis par les grandes nations furent incomparablement plus fréquents et plus vexatoires.

De nombreuses conventions portent, il est vrai, la trace d'un droit moins défectueux; mais ni ces traités, ni l'influence de la grande école de Grotius, s'attachant à formuler les préceptes stables d'une justice fondée sur l'ordre de la nature, n'étaient suffisants pour mettre les droits des neutres à l'abri d'hostilités variées et sans cesse renaissantes. Lorsqu'une guerre survenait, les belligérants ne se faisaient point scrupule d'appliquer aux puissances étrangères leurs lois à eux, au mépris des traités. C'est ainsi que, pour les articles à considérer comme contrebande de guerre, bien que l'on fût entré dans la voie de listes limitatives conventionnellement dressées et malgré les dispositions libérales de plusieurs grands traités, tels que celui des Pyrénées (1659) et celui d'Utrecht (1713), de nombreux États substituèrent violemment aux conventions internationales leurs lois particulières, étendant outre mesure la liste des objets prohibés.

Ce fut précisément le caractère atroce et intolérable de ces prétentions, ce fut « l'augmentation des pirateries à un point qu'on ne peut exprimer[1] », qui déterminèrent la Suède et le Danemark à former, le 17 mars 1693, une première et remarquable union de neutralité armée, prélude des grandes alliances ultérieures.

L'arbitraire ne régnait pas seulement en matière de droit maritime : il s'étendait au *status* général de la neutralité. La notion de la neutralité imparfaite était encore dominante. Ni pour les conséquences d'obligations contractées antérieurement à la guerre et emportant une assistance partielle prêtée à l'un des belligérants, ni pour certaines concessions facultatives de passage sur le territoire neutre, ni pour les enrôlements sur pareil territoire, pour les prêts d'argent, pour la fourniture de divers moyens de guerre, l'idée de la neutralité ancienne ne répondait à la conception moderne du régime des neutres[2]. Ce caractère imparfait de la

[1] Préambule du traité entre la Suède et le Danemark.

[2] Schweizer résume de la manière suivante les différences entre la neutra-

neutralité d'autrefois offrait, à la vérité, plus de latitude aux neutres et semblait à cet égard leur être plus favorable; mais la prépondérance, à tant d'autres points de vue, des exigences des belligérants sur les revendications des neutres faisait payer avec usure à ces derniers les dangereuses licences dont ils étaient gratifiés. Et l'inégalité des droits de la guerre demeura, au fond, le caractère dominant du régime appliqué durant cette période aux rapports entre belligérants et peuples pacifiques.

Constatons cependant une certaine tendance, vers la fin de cette période, à mieux concevoir, d'une part, le devoir élémentaire pour les neutres de ne point fournir de secours aux belligérants;

lité moderne et l'ancienne neutralité imparfaite dont la persistance s'est accusée même durant une partie du xixᵉ siècle :

I. Les obligations assumées avant la guerre et non spécialement en vue d'elle, concernant une assistance partielle nettement restreinte et défensive, que ce fût au moyen de troupes, de vaisseaux, d'argent ou d'autres moyens de faire la guerre, ou encore au moyen de servitudes de passage, n'étaient pas considérées comme incompatibles avec une attitude neutre d'autre part. Et, de fait, cette neutralité partielle était régulièrement respectée par le belligérant qui se trouvait désavantagé par elle.

II. La concession de passage à travers le territoire neutre faite aux troupes d'une puissance belligérante était considérée comme permise lorsque le passage ne conduisait pas immédiatement aux frontières de l'ennemi ou à ses cantonnements militaires, mais servait seulement à relier les possessions du belligérant et lui était nécessaire à cet effet.

III. La permission de faire des enrôlements en territoire neutre, l'envoi et la fourniture de vivres, le prêt d'argent, etc., n'étaient pas considérés comme des violations de la neutralité, en tant et aussi longtemps que l'État ne se réservait pas, en ces matières, de droits de souveraineté exclusifs et n'assumait pas l'exploitation de ces branches de service.

Toutefois, par cela même que les grands approvisionnements d'armes et de matériel de guerre proprement dit étaient concentrés autrefois entre les mains des États, les exigences de la neutralité semblaient plus rigoureuses en ce qui concerne les fournitures de cette espèce. — *Geschichte der schweizerischen Neutralität*, p. 71.

d'autre part, l'obligation pour ces derniers de respecter le neutre chez lui.

C'est ainsi que le devoir des neutres relatif à l'éventualité d'armement et d'équipement de corsaires sur leur territoire a été reconnu par la France dans un litige avec l'Angleterre en 1777.

C'est ainsi encore que certaines violations du territoire neutre ne sont plus envisagées de la même manière qu'au XVIIᵉ siècle, alors que les États en guerre se livraient sans scrupule à des batailles navales dans les eaux neutres. Ces violations deviennent l'objet de réclamations parfois efficaces et d'énergiques résistances.

Nous arrivons à une seconde et grande étape du régime juridique concernant les rapports entre belligérants et peuples pacifiques.

Le régime de neutralité, sous la période précédente, avait pour trait caractéristique principal — nous l'avons remarqué — la subordination des neutres aux exigences des belligérants. Le trait dominant de la période où nous entrons est la coordination des droits des uns et des autres sur la base d'une juste limitation réciproque. Plus d'anarchie juridique comme résultat de situations jugées inconciliables. Plus d'arbitraire comme conséquence d'une conception plutôt politique que juridique de la neutralité. Plus de prédominance abusive d'un droit sur l'autre, mais équipollence et paritétisme. Le régime de la neutralité revêt définitivement le caractère d'un état de droit nettement objectif, dans lequel le belligérant et le neutre rentrent comme coordonnés l'un et l'autre, sur un pied d'égale souveraineté.

Cette ère nouvelle pour la neutralité s'ouvre, en quelque sorte, avec l'année 1780.

Les ligues de neutralité armée formées à la fin du XVIIIe siècle [1] mirent nettement en face des tenants de la guerre à merci, les représentants de la paix, armés et coalisés pour la définition de la défense des droits inhérents à la neutralité.

Signalant la portée de la première de ces associations, le comte Panin, ministre des Affaires étrangères de l'impératrice Catherine II, écrivait le 25 décembre 1785 au comte Serge Roumiantzow, accrédité à Berlin : « Tout homme de bon sens, à quelque nation qu'il appartienne, doit reconnaître là un avantage commun à tous les peuples et à tous les pays, non seulement pour le temps présent, mais encore pour les générations à venir; car ce grand acte, accompli par Sa Majesté Impériale, rétablit dans la guerre maritime la loi naturelle [2]. » Et de fait, malgré toutes les défaillances ultérieures, les alliances de neutralité armée attestèrent solennellement et puissamment qu'il y a, en temps de guerre, des droits égaux à ceux des États en lutte, que la liberté des neutres est indépendante de l'arbitraire des belligérants et possède une large sphère propre d'inviolabilité.

Certes les déclarations de 1780 et de 1800 sont encore bien incomplètes comme formule du droit des neutres en matière maritime. L'on y cherche vainement des dispositions précises protégeant

---

[1] Richard KLEEN, *Lois et usages de la neutralité*, p. 18 et suiv. — [2] F. DE MARTENS, *Recueil des traités et conventions conclus par la Russie avec les puissances étrangères*, t. VI, p. 108.

la propriété neutre sur vaisseau ennemi et limitant la visite. Mais le mérite propre et permanent de la déclaration est indépendant de ces lacunes. Il consiste surtout dans ces deux innovations : un programme uniforme de mesures libérales en matière de droit des neutres; un faisceau de forces organisées par eux pour la défense de ce programme. C'était, pour les neutres, l'émancipation, en principe et en fait, du joug des belligérants.

On sait que le Gouvernement russe — le puissant initiateur des deux ligues de neutralité — ne demeura pas complètement fidèle aux principes proclamés par lui. Ces défaillances n'enlèvent pas aux grands actes diplomatiques de 1780 et de 1800 leur mérite; elles n'ont pas détruit leur influence sur l'évolution du droit des neutres. Ce qui donne à ces actes une importance capitale, c'est qu'ils sont le signe d'un esprit nouveau, dont le souffle émancipateur a passé sur la communauté internationale. Les rapports entre belligérants et non belligérants sont désormais orientés aux réformes nécessaires, et ceux-là même d'entre les États qui n'adhéreront pas aux principes de la neutralité armée devront bien, pratiquement, tenir compte de ces principes.

A côté des associations de neutralité armée, il faut placer parmi les faits qui ont servi le plus heureusement la cause du progrès du droit des neutres à cette époque l'affranchissement des grandes colonies transatlantiques. L'esprit nouveau qui s'était si énergiquement accusé dans la vieille Europe ne pouvait manquer d'animer la jeune Amérique. Entre les États-Unis récemment émancipés de la domination anglaise, épris d'indépendance, recher-

chant la paix comme une nécessité pour leur développement intérieur, dégagés des controverses et des vieux préjugés européens,
peu désireux de se mêler aux querelles de par delà, entre cette
grande république, jeune et forte, mais pacifique, et les tenants
européens de la neutralité, la solidarité de sentiments, d'aspirations, d'intérêts, d'opposition à un même adversaire, existait en
quelque sorte sur toute la ligne.

La tendance du nouvel État, qui s'était manifestée dès le premier
traité conclu avec la France pour obtenir son concours dans la
lutte contre l'Angleterre[1], s'accuse énergiquement par l'accession
de l'Union à la Ligue européenne de 1780. Elle se développe
dans la suite d'une manière propre et autonome. Demeurés neutres
pendant les guerres qui déchirèrent l'Europe à cette époque,
les États-Unis concoururent dans une mesure considérable, en
dépit de quelques défaillances, à l'évolution d'une neutralité nettement juridique, émancipée du joug des belligérants, impartiale
envers chacun d'eux. Il faut rappeler ici la proclamation solennelle
de neutralité faite par le grand Washington, le 22 avril 1793.
Signalons encore les règlements de 1792 et le « Foreign Enlist-

---

[1] Voici, en effet, comment s'exprime
l'article 23 du traité du 6 février 1778 :
« Les bâtiments libres assureront également la liberté des marchandises, et l'on
jugera libres toutes les choses qui se trouveront à bord des navires appartenant
aux citoyens des parties contractantes,
nonobstant que la cargaison ou partie de
celle-ci appartienne aux ennemis d'une
des deux parties susdites. » Voir Pasquale
Fiore, *Nouveau droit international public*,
2e édition, trad. par Antoine, t. III,
p. 398. — En pratique, les États-Unis
furent loin d'être irréprochables, et l'on
sait que c'est la conduite violente des ar-
mateurs «insurgents» qui, en 1778 et
en 1779, servit de prétexte à Catherine II
pour neutraliser les mers du Nord. (Fauchille, *La diplomatie française et la Ligue
des neutres de 1780*, p. 393.)

ment Act» de 1794 : ils constituèrent le régime le plus parfait de l'époque, surtout en ce qui concerne la détermination des devoirs des neutres. Ils ont été appliqués jusqu'à la promulgation du «Neutrality Act» de 1818, encore en vigueur.

Rappelons encore le «Projet de Convention internationale pour régulariser les principes de la navigation commerciale et maritime», communiqué en 1825 par le président Monroë à la France, à la Grande-Bretagne et à la Russie.

De nombreux pactes internationaux témoignent, en outre, des efforts faits par la grande République pour étendre et améliorer le droit des neutres.

Les délibérations et décisions de la Cour suprême de Washington offrent, de leur côté, une riche moisson de documents des plus précieux pour le perfectionnement pratique du régime de la neutralité. Les conséquences d'une conception plus exacte des rapports entre belligérants et non belligérants s'y révèlent : respect plus complet de la souveraineté du neutre, impartialité plus grande à l'égard des États en guerre[1].

Nous venons de mettre en relief l'influence exercée sur le pro-

[1] «Il était réservé aux juges de la Cour suprême des États-Unis, au commencement du xixᵉ siècle, dit Sir Travers Twiss, de donner l'exposé le plus complet et le plus clair des droits des nations neutres, attendu que l'attitude neutre que les États-Unis maintinrent pendant la plus grande partie du temps où l'Europe s'était levée en armes contre le génie militaire du premier Napoléon, exigea que leurs juges exposassent les droits et les devoirs des neutres dans de nombreuses occasions où les tribunaux furent appelés à défendre les droits souverains des États-Unis, comme nation neutre, contre les croiseurs des nations belligérantes.» (*Le droit des gens*, t. II, p. 418.)

grès de la neutralité par la fondation, au delà de l'Atlantique, d'un puissant État inspiré par une politique neutre et pacifique. Dans un ordre plus modeste, mais non sans importance, il est juste de constater, avec M. Rivier, que la maxime de neutralité professée et suivie traditionnellement par la Confédération suisse « a grandement contribué à l'adoption de principes juridiques réglant cette matière [1] ». « Il n'est point surprenant, ajoute l'auteur, que Vattel en ait traité avec plus de précision que ses prédécesseurs [2]. »

La récente *Histoire de la neutralité suisse* de Schweizer a mis en pleine lumière le point que nous signalons.

Le travail de coordination du droit de la guerre et du droit de la neutralité sur une base paritétiste n'est pas encore achevé, et la phase d'évolution inaugurée par les alliances de neutralité armée doit être considérée comme demeurant ouverte. Même dans le régime actuel des rapports entre belligérants et non belligérants, il reste des traces trop visibles de l'ancienne prépondérance des premiers.

L'œuvre coordinatrice a néanmoins été poursuivie avec vigueur et couronnée de succès marqués.

Tant que le droit des neutres demeura subordonné au droit des belligérants, la pratique et les conventions, au lieu d'être pour le premier de ces droits un élément de progrès, furent souvent un élément de perturbation et de perversion. Le régime subi par les neutres fut instable, comme l'étaient les intérêts des États belli-

---

[1] Rivier, *Principes du droit des gens*, n° 210. — [2] Vattel, liv. III, chap. vii, *De la neutralité et des troupes en pays neutre.*

gérants qui le dictaient; il fut inique, comme étant le produit de la dictature de ces États ou de marchandages entre leurs exigences concurrentes, au détriment des peuples pacifiques.

Au contraire, depuis que les relations entre belligérants et non belligérants sont devenues non plus des rapports de subordination égoïste, mais des rapports de coordination juridique, la pratique et les conventions sont naturellement orientées au progrès de la neutralité; elles concourent à déterminer heureusement son évolution, en même temps qu'elles fournissent une base solide d'opération aux organes les plus éclairés de la conscience juridique internationale. C'est ainsi que l'on peut constater une élaboration pratique normalement progressive du droit des neutres en connexion avec les guerres contemporaines.

L'histoire des nombreux conflits armés qui se sont produits dans la seconde moitié du xixᵉ siècle depuis la guerre d'Orient est des plus instructives au point de vue que nous signalons. Nous ne pensons ici qu'en détacher quelques traits saillants.

Entre toutes les guerres européennes de la seconde partie de ce siècle, la guerre franco-allemande doit être signalée comme ayant contribué dans une mesure fort remarquable à l'élaboration pratique du droit des neutres, principalement en ce qui concerne les rapports sur terre entre belligérants et non belligérants. Un regard jeté sur les chroniques de droit international de l'époque[1] fait saisir sur le vif la variété et l'importance des problèmes posés par les

---

[1] Voir ROLIN-JACQUEMYNS, Chroniques de droit international de 1870 et de 1871. — *Des rapports créés par la guerre actuelle entre les belligérants et les neutres.* (*Revue de droit international et de législation comparée*, t. II, p. 697; t. III, p. 348.)

événements, éclaircis par la pratique et les conventions : observation de la neutralité par les États limitrophes du théâtre de la
guerre, inviolabilité du territoire neutre, asile accordé sur ce territoire aux militaires étrangers, application de la clause de garantie
de la neutralité, transport de blessés, passage d'enrôlés étrangers,
rapports entre les diplomates neutres et les puissances belligérantes, rapports entre les droits des ressortissants neutres et l'occupation guerrière, commerce des ressortissants neutres, etc. Dans
tous ces domaines, le conflit franco-allemand a donné lieu à
un travail d'élaboration et de précision dont les résultats, controversés sur certains points, se sont imposés sur d'autres avec une
lumineuse autorité. C'est ainsi que, sur de nombreux terrains,
l'ajustement du droit des neutres aux droits des belligérants s'est
opéré dans des conditions souvent satisfaisantes pour tous, souvent
acceptées par tous [1].

Les guerres européennes antérieures à la guerre franco-allemande, comme la guerre d'Italie de 1859, la guerre faite au
Danemark par l'Autriche et la Prusse en 1864, et la guerre de
1866 entre ces deux dernières puissances, avaient amené les
belligérants à affirmer et à observer une attitude généralement
équitable et libérale à l'égard des neutres. Il en a été de même,
à de multiples points de vue, des guerres postérieures, malgré
certaines déviations hautement regrettables.

Parmi les guerres déchaînées dans une autre partie du monde,

[1] Voir *Appel aux belligérants et à la presse par l'Institut de droit international*, à
l'origine de la guerre russo-turque, 28 mai 1877. (*Revue de droit international et de
législation comparée*, t. IX, p. 134.)

en Amérique, et dont les suites ont exercé l'influence la plus notable sur le développement pratique du régime de la neutralité, la guerre de la Sécession de 1861 doit être avant tout signalée, principalement à cause des démêlés survenus entre les États-Unis et l'Angleterre, et des conditions dans lesquelles se sont terminés ces différends.

On sait qu'en adoptant le compromis qui déférait les réclamations concernant l'Alabama à un tribunal d'arbitrage, les cabinets de Saint-James et de Washington tracèrent des règles directrices concernant l'appréciation juridique des faits déférés aux arbitres.

Ces règles sont contenues dans l'article 6 du traité du 8 mai 1871.

Nous n'avons pas à entrer ici dans l'examen détaillé des règles de Washington, dont la précision n'est point parfaite. L'Institut de droit international en a fait l'objet d'une étude approfondie : les résultats en sont consignés dans les conclusions adoptées dans la session de la Haye de 1875.

Les guerres déchaînées en Asie, même entre puissances orientales, apportent de nos jours leur contingent de matériaux utiles au progrès du droit des neutres. C'est ainsi que l'auteur de l'étude si intéressante sur *La guerre sino-japonaise au point de vue du droit international*[1] a été amené à consacrer plusieurs pages de son ouvrage aux questions relatives à la neutralité, envisagées sous des aspects en partie nouveaux : neutralisation des ports ouverts et des « settlements » concédés aux étrangers, protection des missionnaires

---

[1] NAGAO ARIGA, *La guerre sino-japonaise au point de vue du droit international*, avec préface par M. Paul Fauchille.

des pays neutres, protection des phares, protection spéciale du commerce des pays neutres en cas d'occupation.

Dans toutes les guerres dont nous venons de parler, de nombreux documents d'une haute signification, bien que d'une valeur juridique inégale, comme les déclarations des belligérants sur les règles qu'ils entendent suivre pendant la guerre, les instructions sur la conduite des armées de terre et de mer, les délibérations et décisions des tribunaux de prises, les déclarations de neutralité émanées des États pacifiques, leurs lois et ordonnances concernant les comportements de leurs nationaux, ont apporté un appoint considérable à l'action puissamment élucidatrice des faits et aux actes d'État ayant un caractère bilatéral, tels que les conventions, les compromis d'arbitrage, les ententes de nature diverse, ayant pour objet le règlement des difficultés pratiques soulevées en matière de neutralité.

Si l'on essaie de résumer, à un point de vue général, les progrès accomplis par la voie pratique dont nous venons de parler, on arrive aux conclusions suivantes :

I. La neutralité s'est affirmée de plus en plus sur une base nettement juridique, exclusive de la mainmise des belligérants sur les droits des neutres.

II. En même temps, la notion de la neutralité s'est épurée, en ce sens que le droit moderne s'attache à ne plus admettre et dans une très large mesure n'admet plus qu'une forme de la neutralité, la neutralité parfaite, respectueuse de tous les devoirs logiquement inhérents à la condition de neutre.

III. Ainsi dégagé des éléments qui tendaient à le fausser, le régime de la neutralité s'est développé par une reconnaissance plus loyale et plus large de la sphère légitime d'inviolabilité qui lui appartient en propre.

IV. Enfin les droits et les obligations des neutres ont été précisés et réglementés dans l'application sur un grand nombre de points antérieurement obscurs ou controversés.

Et cependant ce problème du droit des neutres est loin d'être résolu, d'une manière satisfaisante, sous ses différents aspects. Certains de ces aspects sont demeurés comme dans l'ombre, d'autres semblent être encore tout à fait méconnus.

La question des droits des neutres se pose aujourd'hui devant les nations, colorée de teintes particulières que lui donnent l'intensité de la vie internationale, la solidarité des relations économiques, le caractère moderne des conflits armés, les besoins nouveaux de notre temps, les immenses progrès de la civilisation dans tous les domaines.

Mais avant de mettre ce point en toute lumière, nous avons à signaler une troisième et très remarquable étape du développement du régime de la neutralité.

Pendant que le régime des neutres se développait, en effet, sur une base juridique de plus en plus fermement accusée, il entrait, par un autre côté, dans une vie nouvelle où il devait revêtir un caractère particulièrement intéressant. Cette phase de développement, nettement distincte des autres en elle-même, bien que se développant en quelque sorte sur un plan parallèle, se rattache à la première moitié du xixe siècle comme à son berceau. On peut la caractériser par ce trait : *la neutralité de principe adaptée à un intérêt de communauté internationale; le système des neutralités permanentes; le procédé des neutralisations.* Le Congrès de Vienne de 1815 et la Conférence de Londres de 1830 sont, pour ces faits, des dates saillantes entre toutes.

Nous n'avons pas à énumérer ici toutes les applications données de nos jours au système des neutralités permanentes et du procédé des neutralisations. Mais nous devons signaler la portée exacte de l'extension donnée ici à l'idée de neutralité.

Ce qui a été en jeu jusqu'à présent, c'est, d'une part, le droit d'exercer dans le sens pacifique une faculté relevant de l'indépendance individuelle des États : la faculté de se mêler ou non à un conflit armé entre d'autres États; c'est, d'autre part, le respect pratique de ce droit par une juste coordination des exigences des belligérants aux revendications des peuples demeurés pacifiques.

La neutralité permanente se caractérise, à son tour, par le double trait suivant :

D'une part, l'érection, dans un intérêt international, de ce droit d'option pacifique en attitude de principe, excluant à ce titre l'immixtion dans les guerres entre d'autres États.

D'autre part, la reconnaissance internationale de cette ligne de conduite anticipativement fixée, avec le devoir, inhérent à cette reconnaissance, de respecter dans le chef de l'État neutre à titre permanent la possession tranquille de son Etat pacifique, avec l'autorisation d'en exiger dans certains cas le respect des autres États, avec l'obligation parfois de garantir ce respect.

Par cela même que les neutralités permanentes s'appuient sur des traités, elles peuvent, à raison de ces dispositions conventionnelles et dans la mesure de leur teneur, se présenter à nous dans des conditions variées, affectant différemment leur régime, soit en lui-même, soit dans sa sphère d'extension ou d'application, soit dans les garanties qui le consolident, soit à tel autre point de vue déterminé. Ici peut s'accuser et s'accuse, en fait, une grande diversité.

Si c'est une erreur de rattacher à la notion simple et essentielle de la neutralité permanente des modalités sans lesquelles on peut la concevoir, c'est une autre erreur d'appliquer d'emblée les conditions spéciales de telle neutralité à telle autre. Et c'est une étrange aberration de prétendre former un droit commun de la neutralité permanente en faisant la somme des conditions particulières applicables aux divers types de neutralité. Dans la réalité, ces types positifs sont variés : chacun doit être considéré en lui-même et demeurer, si l'on peut parler ainsi, baigné dans sa lumière propre, — la lumière des conventions qui l'établissent et de tous les éléments interprétatifs de ces conventions.

Quant à la neutralisation, on sait qu'elle a été appliquée par des actes internationaux non seulement à des États, mais à des portions de territoires, à des mers, à des fleuves, à des établissements, à des institutions diverses, en vue de les mettre à l'abri des faits de guerre.

L'extension des neutralisations proprement dites a des objets qui réclament une protection internationale pour constituer un grand bienfait et ne pas rencontrer, en général, de trop graves difficultés.

L'extension des neutralités permanentes semble présenter plus d'obstacles. La balance des avantages et des inconvénients de ce régime est délicate, et le résultat de cette pondération n'a point paru jusqu'ici décisif aux États qui pourraient le plus facilement imiter les exemples qui se présentent à eux dans cet ordre.

Nous venons de montrer comment, dans une troisième et remarquable étape de son développement, la neutralité de principe, adaptée à un intérêt de communauté internationale, a donné naissance au système des neutralités permanentes et au procédé des neutralisations.

Nous avons encore à insister brièvement sur une quatrième étape du régime de la paix en face de la guerre. Elle est caractérisée par ce trait : *la proclamation de points fondamentaux du droit des neutres par les Puissances assemblées.*

Entre les traités internationaux, les plus remarquables sont, à coup sûr, ceux dans lesquels les nations, réunies en une sorte d'assemblée plénière, s'attachent à légiférer, de concert, en matière de droit des gens, établissant des règles nouvelles ou confirmant solennellement et développant des règles existantes.

De tels traités occupent une place à part dans les sources du droit des nations, car ils sont proprement et directement générateurs du droit international général. Ils peuvent souvent être con-

sidérés à juste titre « comme le résumé de l'expérience internationale d'une époque [1] ».

Ces actes sont fort rares dans le système actuel des rapports juridiques entre États. Le régime maritime des neutres en temps de
guerre doit à l'un d'eux ses plus remarquables progrès. A ce titre,
la déclaration du Congrès de Paris du 16 avril 1856 fait époque
dans l'évolution de la neutralité : elle marque une phase distincte
de cette évolution, caractérisée par l'action des puissances assemblées en Congrès et proclamant comme législation internationale
générale quelques points fondamentaux du régime des neutres en
une matière capitale : le droit maritime.

« La déclaration du Congrès de Paris, a dit M. Arthur Desjardins, est non seulement le plus grand événement qu'on ait signalé
dans le droit international maritime, mais elle est en même temps
la meilleure réponse qu'on ait faite à l'opinion sceptique de quelques hommes politiques et de quelques chefs militaires. Les publicistes avaient propagé dans le monde un certain nombre d'idées
que beaucoup de cabinets regardaient encore comme de pures chimères. L'Europe s'assemble, s'approprie ces prétendues chimères,
les condense dans un code de quatre lignes au bas duquel elle
appose sa signature, et ce code, malgré certains tâtonnements
et certaines velléités de résistance, est à peu près universellement
appliqué [2]. »

Certes, le Congrès de Paris, en abolissant quelques-uns des

---

[1] LORMER, *Principes de droit international*, trad. par Nys, 1885, p. 26. — [2] Arthur
DESJARDINS, *Les derniers progrès du droit international* (dans *Revue des Deux Mondes*,
15 janvier 1882).

plus criants abus auxquels donne lieu la guerre maritime, n'a
point résolu toutes les questions concernant la sécurité du commerce international. On peut signaler dans l'œuvre du Congrès
des lacunes et des solutions tronquées. Les résultats obtenus n'en
sont pas moins considérables; et, pour qui sait de combien d'obstacles est semée la voie du progrès en droit international, ces résultats apparaissent comme honorant grandement notre siècle.

On sait que les États-Unis, en s'abstenant de donner leur accession à la déclaration, n'avaient pas procédé par voie de simple
refus. Ils avaient mis comme condition de leur adhésion l'adjonc-
tion, à la déclaration, de l'alinéa suivant :

«Et la propriété privée des sujets de l'une ou l'autre des puissances belligérantes ne sera pas sujette à capture par les navires
de l'autre partie, sauf en cas de contrebande de guerre [1]. »

Le principal argument invoqué par le Gouvernement de Washington en faveur de sa proposition était la solidarité entre
l'abolition de la course et le respect sur mer de la propriété
privée des belligérants. Ce point de vue ne manquait ni de péné-
tration, ni, à certains égards, de justice. Il est de nature à faire
saisir la connexion qui peut exister entre l'amélioration du droit
des neutres et la solution de certains problèmes qui semblent, à
première vue, ne concerner que les belligérants. La proclamation
de l'inviolabilité de la propriété privée ennemie, sur mer comme
sur terre, eût ajouté un brillant fleuron à la couronne de réformes
heureusement réalisées par l'assemblée de Paris. D'invincibles
résistances à cette suggestion semblèrent démontrer qu'il ne faut

[1] Note de M. de Marcy à M. le comte de Sartiges, Ministre de France à Pékin.

pas demander d'un seul coup aux Etats, même assemblés, plus de progrès qu'ils ne peuvent en supporter à une époque déterminée.

Huit ans après le Congrès de Paris, en 1864, sur l'initiative du Gouvernement suisse, les puissances se réunissaient en conférence et adoptaient en commun des résolutions ayant pour objet non pas le droit des neutres proprement dit, mais une extension de l'idée de la neutralisation en vue d'améliorer le sort des militaires blessés ou malades dans les armées en campagne. Tel fut l'objet de la Convention de Genève du 22 août 1864.

Signée par les représentants de douze Etats européens et revêtue de l'accession de la généralité des puissances, elle appartient, comme la déclaration du Congrès de Paris de 1856, à la catégorie des traités vraiment générateurs du droit des gens général.

Dix ans après la Conférence de Genève, en 1874, S. M. l'Empereur de Russie invitait les puissances à se réunir à Bruxelles en conférence pour délibérer sur un projet de règlement international des lois et coutumes de la guerre. Ici encore il s'agissait de rechercher les bases d'une entente générale entre les puissances et la formule d'un droit uniforme. Entre le problème de l'amélioration du droit des neutres et le problème d'une détermination meilleure et plus précise des rapports juridiques entre belligérants, la connexion est intime.

Le perfectionnement des droits de la neutralité pouvait être réalisé par la Conférence dans une mesure importante : indirectement d'abord, à raison de la connexion dont nous venons de parler ; directement ensuite, à raison de la solution donnée à certaines questions où les neutres apparaissent au premier plan, bien qu'elles intéressent aussi les belligérants. Telles sont les questions relatives aux internements de belligérants sur territoire neutre, au transport des blessés par ces territoires, etc. En présentant à la Conférence quelques dispositions simples dans cet ordre, le Gouvernement belge, par l'organe de M. le baron Lambermont, faisait remarquer l'utilité d'une réglementation précise et générale, « soit pour les neutres qui seraient dispensés d'improviser des solutions dans le flagrant des événements militaires, soit pour les belligérants qui, sachant à l'avance ce qu'ils peuvent attendre des neutres, pourraient prendre leurs mesures en conséquence [1] ».

Les dispositions proposées furent accueillies par la Conférence et insérées dans le *Projet d'une déclaration internationale concernant les lois et coutumes de la guerre*, formulé par la Conférence. On sait que la haute assemblée elle-même a attaché à ce projet le caractère d'une « enquête consciencieuse, de nature à servir de base à un échange d'idées ultérieur [2] ». Ce caractère n'a pas été modifié jusqu'à la récente Conférence de la Haye.

Ainsi, dans une sphère beaucoup plus modeste, sur quelques points d'ordre réglementaire relatifs aux éventualités de la guerre continentale, la Conférence de Bruxelles de 1874 a essayé de donner la main au Congrès de Paris de 1856 et à la Conférence de Genève de 1864, et de réaliser le progrès sous cette forme particulière : la détermination, par déclaration internationale générale, de règles uniformes concernant le droit des neutres.

---

[1] *Actes de la Conférence de Bruxelles de 1874*, p. 225. — [2] *Actes de la Conférence de Bruxelles de 1874*, p. 307. Protocole final.

Il était réservé à la récente Conférence de la Haye de transformer définitivement en règles générales de droit des gens le projet amélioré de la Conférence de Bruxelles et d'attester ainsi, une fois encore, la marche triomphante du progrès dans l'ordre international.

Et après avoir accompli cette œuvre, la Conférence de la paix devait émettre le vœu qu'une prochaine Conférence internationale inscrivît à son programme la question des droits et des devoirs des neutres dans son intégrité.

En même temps, guidée par ce qu'elle a appelé « l'intérêt supérieur de la paix », elle devait s'élever à une conception des droits et devoirs des Etats pacifiques en temps de guerre qui ne cadre plus avec ce parfait indifférentisme longtemps considéré comme inhérent à la nature même de la neutralité. Elle fut amenée à faire appel et au concours général et à l'activité spéciale des États en vue du maintien de la paix considéré comme un devoir commun à toutes les nations civilisées. Les puissances signataires, dit l'article 27 de la Convention principale, proposé par la délégation française, — dont deux membres éminents, M. Léon Bourgeois et M. le baron d'Estournelles de Constant, sont présents parmi vous, — les puissances signataires considèrent comme un devoir, dans le cas où un conflit aigu menacerait d'éclater entre deux ou plusieurs d'entre elles, de rappeler à celles-ci que la Cour permanente leur est ouverte.

« En conséquence, elles déclarent que le fait de rappeler aux parties en conflit les dispositions de la présente Convention, et le conseil donné, dans l'intérêt supérieur de la paix, de s'adresser à la Cour permanente, ne peuvent être considérés que comme actes de bons offices. »

Ainsi se trouve de plus en plus marquée la vocation de notre temps à la réalisation d'un double progrès dans le régime des rapports entre États en guerre et peuples pacifiques.

Il importe d'asseoir définitivement le régime sur une base objective adéquate à l'exacte et complète vérité des rapports entre belligérants et non belligérants dans la société des nations civilisées.

Il y a lieu de donner, dans la plus large mesure possible, à la consécration de ce régime ainsi défini la forme excellente entre toutes d'un traité de droit des gens universel élaboré par une Conférence internationale.

Les conclusions que nous avons essayé de formuler dans notre *Rapport sur le Pacigérat* ou « Régime juridique de la paix en temps de guerre » visent la réalisation de ces grands résultats.

Qu'il me soit permis de les rappeler ici en mettant brièvement en relief leur économie et leur enchaînement.

Le paragraphe 1 pose dans sa généralité le problème à résoudre et signale le rapport qui relie la bonne solution de ce problème à l'intérêt de la généralité des Etats. Il est ainsi conçu :

I. *Parmi les questions qui doivent éveiller au plus haut point la sollicitude de tous les peuples civilisés et dont la solution relève par excellence de Conférences internationales, il faut placer celle dont l'objet est de pourvoir, en cas de guerre entre quelques puissances, à la condition juridique de tous les autres États poursuivant dans le monde le cours normal de leur vie pacifique.*

Le paragraphe 2 indique les raisons principales qui réclament de nos jours une meilleure constitution du régime juridique de la paix en temps de guerre. Il est formulé comme suit :

II. *L'intensité de la vie internationale, la solidarité des relations économiques, le caractère moderne des conflits armés, les besoins nouveaux de notre temps, les progrès de la civilisation dans tant de domaines exigent impérieusement aujourd'hui que le régime de la paix en temps de guerre, dégagé des incertitudes et de l'arbitraire, revête de plus en plus le caractère d'un régime nettement juridique dans lequel belligérants et non belligérants rentrent comme coordonnés les uns aux autres sur le pied d'une égale souveraineté et de la continuation effective des relations d'ordre pacifique.*

Le paragraphe 3 rappelle les services historiques rendus dans le droit international par la donnée de la mutualité, et signale en même temps l'impuissance de cette donnée à fournir au régime juridique de la paix en temps de guerre son assise fondamentale et son principe organique.

III. *Autrefois, à une époque où il importait surtout de dégager les nations pacifiques des compromissions guerrières qu'on prétendait leur imposer, lorsqu'il s'agissait pour les États en paix de revendiquer le droit de demeurer étrangers aux guerres d'autrui, la notion de la neutralité a rendu de grands services comme expression d'une liberté contestée d'abord, et qui s'est peu à peu énergiquement affirmée dans le droit international. A l'ancienne maxime : « Qui n'est pas pour moi est contre moi », elle donnait cette réponse très nette : « Je ne suis ni pour vous, ni contre vous, je suis neutre. »*

A l'époque actuelle où le pouvoir de demeurer neutre n'est plus contesté, lorsqu'il s'agit d'organiser le régime de la paix générale en face des guerres particulières qui peuvent faire irruption dans la société pacifique des États civilisés, il ne faut pas demander à la notion de la neutralité ce qu'elle ne peut donner, à savoir : le principe organisateur du système des rapports entre belligérants et non belligérants. Cette notion, en effet, ne nous procure pas une représentation exacte de la relation juridique complète entre peuples pacifiques et puissances belligérantes. Elle ne reflète qu'une face du problème auquel donne lieu l'incidence d'une guerre partielle dans la société des nations. D'une part, elle ne nous dit rien de la condition juridique du belligérant au regard des peuples pacifiques, et c'est là un point capital. D'autre part, elle exprime la situation juridique des États pacifiques vis-à-vis des belligérants d'une manière incomplète, et à certains égards, équivoque. Incomplète, car elle présente cette situation sous un aspect négatif, en laissant dans l'ombre l'aspect positif qui est de la plus haute importance. Équivoque, car elle prête à des interprétations qui n'ont pas peu contribué à altérer la vérité concernant les rapports entre belligérants et peuples pacifiques, et à couvrir les prétentions les plus abusives dans cet ordre.

Le paragraphe 4 caractérise les deux principaux points de vue auxquels on peut se placer pour dégager le principe déterminateur de la base et régulateur des limites du régime juridique de la paix en temps de guerre. Voici comment il s'exprime :

IV. *Le régime des rapports entre belligérants et non belligérants n'est pas un régime de création artificielle établi par l'une des parties en se fondant sur des maximes d'effacement des États pacifiques ou d'équilibre dans les faveurs ou les défaveurs. Le principe de paix commune et d'égale souveraineté est, à la fois, déterminateur de la base et régulateur des limites juridiques de ce régime.*

Enfin, le paragraphe 5 s'attache à mettre en lumière la précision et la partie de la notion du « pacigérat » comme élément organique du régime juridique applicable aux relations des États ayant charge de guerre et des États à tous égards pacifiques. Il justifie en même temps l'application d'une expression nouvelle à une conception plus juste de ces relations.

V. *Les belligérants et les non-belligérants ayant, sur le terrain où ils fraient, la qualité commune de pacigérants, le régime applicable à leurs relations est justement appelé* pacigérat.

La notion du « pacigérat » fournit au régime des rapports entre belligérants et non belligérants son véritable principe organique. Elle représente nettement la gestion, en cas de guerre particulière, des droits et des intérêts de la paix, entre les États engagés dans une lutte particulière et les États à tous égards pacifiques. Elle pose le problème de leurs rapports dans toute son ampleur et dans sa vraie lumière. Elle caractérise par son trait fondamental le régime régulateur de ces rapports, qui est un régime de paix réciproque, spécialisé seulement par son champ d'application et par les conséquences légitimes que peut produire, entre puissances également indépendantes et demeurées

6.

amies, l'engagement de l'une des parties dans une lutte armée avec d'autres puissances. Sans porter atteinte aux justes exigences des États ayant charge de guerre, elle rappelle énergiquement que, sur le terrain où se rencontrent les belligérants et les non-belligérants, les uns et les autres sont et doivent demeurer pacigérants. Elle est assez large pour proscrire à la fois et avec la même rigueur toute immixtion dans les hostilités de la part des États pacifiques et toute implication de ces derniers dans les hostilités de la part des États en guerre.

Elle affirme enfin que le régime moderne des rapports entre belligérants et non belligérants n'est qu'une application, dans des conditions particulières, de cette loi supérieure et unitaire de la paix, qui, en dehors de la sphère limitée de la lutte armée où se meuvent les belligérants, continue, pour l'honneur et le bien de l'humanité, à présider au développement des peuples et aux destinées du monde.

A la mémorable séance de la Commission pour le règlement pacifique des conflits internationaux, tenue à la Haye le 20 juillet 1899, un des plénipotentiaires suisses, M. Odier, rappelant avec une extrême bienveillance les efforts faits par nous pour introduire dans le droit des gens la notion nouvelle du « pacigérat », s'exprimait en ces termes : « Un de nos collègues a cherché à qualifier le rôle des neutres à cette occasion, et il a trouvé le mot heureux de « pacigérants ». Cette appellation sera consacrée par la Conférence de la Haye. » Et la haute assemblée faisait aux paroles de M. Odier un accueil qui nous a vivement touché.

Nous croyons pouvoir demander aujourd'hui aux membres des

dix-huit Parlements réunis à Paris pour la dixième Conférence interparlementaire de donner leur adhésion aux conclusions que nous venons de formuler concernant le « pacigérat ». (*Applaudissements prolongés.*)

M. FALLIÈRES, *président*, met aux voix les conclusions du rapport de M. le chevalier Descamps.

Les conclusions du rapport sont adoptées.

La parole est donnée à M. le comte Apponyi sur sa proposition d'union de la presse.

M. le comte APPONYI (*Hongrie*). Le projet que j'ai à vous soumettre, Messieurs, est le complément nécessaire de la pensée même qui a donné naissance à notre Union.

Quelle est cette pensée?

Arriver au règne de la paix par l'action de l'élément populaire des pouvoirs publics, représenté dans les Parlements. Les peuples, en effet, n'ont nul intérêt à la guerre et ont tout intérêt à la paix. La guerre peut servir les ambitions d'un prince, d'un ministre ou d'un chef militaire; elle peut servir les intérêts de certaines classes dirigeantes ou influentes, tantôt — selon les époques historiques — d'une noblesse avide de butin et de gloire, tantôt de capitalistes avides de dividendes; mais, pour la masse d'un peuple civilisé, elle ne saurait être qu'un fléau.

Rien de plus inattaquable que cette proposition fondamentale; rien de plus logique que d'en conclure à une entente des représentants des peuples, afin d'assurer la paix par leur part au pouvoir, et rien ne devrait avoir une force plus irrésistible que l'organisation créée dans ce but.

Cette organisation, c'est nous, c'est l'Union interparlementaire. Mais sommes-nous donc vraiment la force irrésistible qu'en bonne logique nous devrions être? Après douze ans d'activité, dominons-nous les pouvoirs publics? En représentons-nous au moins la partie populaire?

A des questions de cet ordre, il y a deux types de réponse : l'un à l'usage des assemblées jubilaires, l'autre à celui des réunions sérieuses. Le premier de ces types est de beaucoup le plus agréable et le plus facile : on se grise de paroles sonores et des échos qu'elles soulèvent; on s'adresse des félicitations mutuelles; on se glorifie de succès imaginaires, et, après trois ou quatre jours employés à ces passe-temps plus ou moins divertissants, on s'en retourne chacun chez soi, sans avoir fait la moindre besogne : et souvent on ensevelit la cause qu'on prétend servir sous des compliments, des fêtes et des fleurs oratoires.

Le second type a mine plus autère. Il convient à ceux qui prennent leur tâche au sérieux; il consiste à faire un examen de conscience en règle, à regarder la vérité en face, et à la dire sans ménagements, fût-elle amère. (*Applaudissements.*)

Vous ne m'en voudrez pas, Messieurs, si je m'inspire avec une rigidité toute puritaine de ce deuxième type de réponse devant la question si grave que je viens de poser, et si je constate en toute sincérité que le résultat de notre action ne correspond aucunement à la force dont nous sommes censés disposer.

Je ne voudrais cependant rien exagérer; je crois que l'activité de notre Union a été très utile; je crois qu'elle a beaucoup contribué à dégager la question de la paix des obscurités et des tendances chimériques qui l'environnaient jadis, à en faire un problème de politique pratique, et à lui rendre favorable ceux-là parmi les esprits positifs qui ne déguisent pas, sous cette épithète, de l'étroitesse d'intelligence ou de la sécheresse de cœur. Mais ce genre de service, n'importe quelle réunion d'hommes sérieux et versés en matière politique aurait pu le rendre : de notre mission spéciale, du service *sui generis* qu'on est en droit de nous demander, d'une pression exercée par l'élément populaire des pouvoirs publics dans l'intérêt de la paix, à peine y a-t-il trace. Les décisions de la Haye, cette première conquête positive de nos idées, sont dues à l'initiative généreuse d'un autocrate éclairé; la part que les pays constitutionnels y ont prise, — il faut bien l'avouer, — n'est pas trop glorieuse; elle consistait pour beaucoup d'entre eux à limiter les résultats de cette initiative bien plutôt qu'à les élargir.

L'influence de nos délibérations y fût-elle donc pour quelque chose, c'est exclusivement par voie de persuasion qu'elle s'est fait sentir : comme force agissante, comme facteur de pouvoir, elle est restée à un degré d'efficacité plus que modeste.

A quoi cela tient-il? A qui la faute?

Est-ce à l'inaction des groupes qu'il faut s'en prendre? Certes, voilà une cause d'insuccès dont il convient de nous rendre compte. Mais cette inaction n'est-elle pas en elle-même un phénomène dont il faut trouver l'explication? Et suffit-il pour cela de nous accuser tous d'indolence? Peut-on admettre que nous soyons assez peu sérieux pour embrasser avec éclat une cause que nous n'entendons pas servir en réalité?

Non, Messieurs, notre conscience proteste contre de semblables hypothèses; au fond de ce phénomène d'inaction, il y a autre chose : il y a un pessimisme — inavoué peut-être — à l'endroit des résultats que l'action pourrait produire. Ce n'est pas parce que nos groupes travaillent peu que nous sommes une force insuffisante. Nous aurions beau remuer nos assemblées, nous savons bien que cela ne pèserait pas d'un grand poids dans la balance des décisions gouvernementales. C'est là la vérité; je ne pense pas qu'il soit possible de le contester.

Mais ici encore il faut se demander à quoi tient cette impuissance.

Serait-ce que nous ne pourrions pas obtenir la majorité pour enlever un vote dans le sens de nos idées? En fût-il ainsi, — et je ne le pense pas, — mais en fût-il ainsi, la difficulté ne serait que temporaire; car, si nous représentons en effet un intérêt évident et vital des populations, le corps électoral devrait bientôt avoir raison d'une majorité réfractaire à cet intérêt.

La faute en serait-elle alors à ce déclin des institutions parlementaires qu'il faut, hélas! constater dans la plus grande partie du continent européen, et dont on prend peut-être un peu trop aisément son parti, quand on ne voit pas bien la forme de gouvernement populaire qui pourrait leur être substituée? La solution de notre problème se trouverait-elle alors tout simplement dans la réforme du régime parlementaire, et serait-ce cette réforme dont il nous faudrait discuter les moyens?

Je suis loin de nier, Messieurs, que les deux problèmes se touchent; je crois pourtant que nous trouverons la solution de notre question spéciale sans aborder une discussion qui nous la ferait bientôt perdre de vue. Pour notre but, il suffit d'indiquer quelques faits et quelques vérités incontestables.

Car la maladie du parlementarisme moderne, pour multiples qu'en soient les symptômes selon les lieux et les circonstances, possède néanmoins un trait saillant et commun à toutes les localités où elle se produit : c'est le désintéressement des populations à l'égard de leur Parlement. Ce symptôme universel accuse une cause générale, et cette cause, je me permettrai de l'indiquer en deux mots. Que la faute en soit aux institutions ou à leur application, les Parlements frappés de cette indifférence ne représentent pas en réalité l'opinion et la volonté populaires. C'est toujours la solution de continuité entre la volonté nationale et sa représentation qui cause l'affaiblissement de cette dernière; pouvoir dérivé, elle n'est rien sinon par dérivation; la dérivation devenant douteuse, les attributions formelles du Parlement prennent le caractère de prétentions puériles ou même révoltantes. Mais surgisse un événement, une idée, une impulsion, par laquelle il s'empare d'un besoin réel des populations, ou d'un courant énergique de l'opinion, aussitôt la situation se modifie. Le Parlement le moins populaire peut se hausser au sommet d'une mission historique, s'il retrouve — ne fût-ce que sur une question spéciale — le contact avec la volonté nationale; c'est qu'il se retrempe alors aux sources de son existence, c'est que le flot de la force populaire retourne alors dans son lit naguère desséché. (*Applaudissements.*)

Les vérités incontestables s'appliquent à notre question comme à toutes les autres. L'action parlementaire en faveur de la paix serait efficace, elle s'imposerait aux Gouvernements, si elle était soutenue par une forte volonté populaire : or il n'en est rien, et c'est là la vraie cause de notre faiblesse.

Mais alors, que faut-il penser de notre idée fondamentale ? Aurions-nous fait fausse route ? Nous serions-nous trompés du tout au tout en nous fondant sur l'intérêt évident qu'ont les masses à la conservation de la paix ?

Non, Messieurs, nous étions et nous sommes dans le vrai.

L'édifice logique de l'Union interparlementaire est inattaquable; mais ses prémisses contiennent une supposition tacite dont la réalisation est encore à conquérir.

« Les peuples n'ont nul intérêt à la guerre et ils ont tout intérêt à la paix », — disions-nous, et nous disions vrai; mais mentalement, et sans nous en rendre compte, tant cela nous paraissait évident et nécessaire, nous ajoutions : « donc les masses doivent haïr la guerre et aimer la paix ». Et voilà la supposition qui est encore bien loin d'être réalisée; voilà par où notre édifice tout entier chancelle à sa base.

Nous n'aurons conquis les pouvoirs publics par leur élément populaire, nous n'aurons accompli notre programme que lorsque cette lacune de nos prémisses sera comblée.

Mais, pour en arriver là, il y a tout un travail à faire dans les esprits; il faudra détruire les obstacles qui s'élèvent entre la vérité et sa perception ; il faudra détruire des préjugés enracinés et des passions héréditaires et vaincre la paresse d'esprit.

Nous trouvons d'abord devant nous une fausse et grossière notion du patriotisme, qui se croit dispensée de compter avec les lois
de la morale et de la justice dès que le pays, ou ce qu'on appelle
sa gloire ou ses intérêts, c'est-à-dire bien souvent les cupidités
qu'on lui suggère, sont mises en cause; qui considère comme un
devoir patriotique de soutenir et d'encourager toutes les iniquités
commises ou à commettre au nom du pays, et qui ambitionne
avant tout pour sa nation la supériorité à ce pugilat collectif, jeux
de hasard pour une bonne part, nommé : « la guerre ». A ces no-
tions primitives et sauvages, il faut substituer un amour plus noble
et plus éclairé de la patrie. Ah! Messieurs, s'il pouvait entrer dans
le programme de cette Union d'amoindrir le patriotisme, ou d'en
affaiblir le ressort, vous ne m'y verriez ni moi ni aucun de mes
compatriotes; mais, bien loin de là, il s'agit pour nous d'exalter
cette vertu, de la pousser à sa plus haute floraison, à son expression la plus complète et la plus pure, en la dégageant des éléments
hétérogènes que le malheur des temps, le régime d'antagonisme
et de violence y a mêlés. Nous n'avons, dans ce but, qu'à lui
appliquer la loi fondamentale de tout amour généreux, et cette loi,
ce n'est point la complicité dans le mal, mais c'est l'effort commun
vers le bien. Encourager son ami et l'aider dans de mauvais des-
seins, c'est de la camaraderie entre brigands : l'amitié vraie s'effor-
cera au contraire de l'en détourner; pourquoi donc n'aurions-nous
pas assez d'amour envers notre patrie pour veiller avant tout à
son intégrité morale, pour ne pas permettre que son honneur soit
souillé par des actes d'injustice et de violence! (*Applaudissements
prolongés.*)

Rechercher la simple supériorité athlétique lorsqu'on est doué
pour les plus hautes envolées de l'âme, pour un travail créateur
et bienfaisant, c'est là une bien vulgaire ambition ; l'encourage-
rions-nous dans nos amis ? Non. Alors aimons assez notre pays
pour ne pas le pousser dans de pareilles voies ; aimons-le assez pour
diriger ses énergies vers ces immortelles conquêtes de l'esprit,
vers ces bienfaisants progrès du travail et de l'harmonie sociale,
par lesquels, en avançant soi-même, on trace de nouvelles voies
à l'humanité, et en se créant richesse et bien-être, on recueille en
même temps des bénédictions. (*Applaudissements.*)

Et ne me dites pas : « Nous tenons moins aux bénédictions que
notre pays peut recueillir qu'à la crainte qui l'entourera : c'est là
que nous trouvons sa sécurité et sa gloire » ; car je vous répondrai,
au sujet de la sécurité, en vous demandant à mon tour ce que vous
pensez d'un père de famille qui, au lieu d'un placement sûr, joue-
rait la fortune de ses enfants sur rouge et noir à Monte-Carlo ; et
votre réponse me dira ce qu'il faut penser d'un patriotisme qui
préfère livrer tous les biens de son peuple au hasard de la guerre,
plutôt que de les abriter dans le port du droit et de la justice
internationale ; et, sur le chapitre de la gloire, je vous répondrai
ceci : Vous voulez que votre pays soit redouté plutôt qu'aimé ?
Eh bien ! moi, je veux qu'il soit l'un et l'autre ; je veux qu'il soit
redouté sans que cela l'empêche d'être aimé ; je veux qu'on redoute
de l'attaquer, mais qu'on ne craigne jamais d'être attaqué par lui ;
je le veux ainsi dans l'intérêt même de sa gloire militaire, qui
ne brille de tout son éclat que lorsque la légitime défense sanc-
tionne l'emploi de l'épée, et qui est ternie lorsqu'on la met au

service de l'aventure et de la conquête. (*Applaudissements pro-longés.*)

Et ne vous étonnez pas, Messieurs, d'entendre parler ici de gloire militaire; pas plus qu'au patriotisme nous ne restons étrangers à l'admiration que le courage mis au service du devoir inspirera toujours. Lorsque nous combattons la guerre, ce n'est pas à la suprême immolation de soi-même, personnifiée dans le soldat, que nous en voulons : c'est la froide férocité qui immole les autres, que nous flétrissons.

Ah! Messieurs, il me semble que notre patriotisme peut supporter la lutte avec celui de nos adversaires; nous qui voulons préserver ce divin sentiment de toute souillure, nous n'avons pas à craindre la comparaison avec ceux qui ne l'imaginent que barbouillé de sang : idée contre idée, la nôtre peut entrer en lice, sûre d'une écrasante supériorité. Et pourtant, prêtez l'oreille aux bruits qui vous entourent, songez aux entraînements dont vous avez été témoins, aux délires d'enthousiasme provoqués jusqu'à nos jours par des guerres offensives, aux projets de conquêtes, aux propos de haine irraisonnée dont nos rues et nos cabarets retentissent, et que l'honnête père de famille, de la meilleure foi du monde, répète à ses enfants groupés autour de la table paternelle, et que la mère elle-même écoute avec un frémissement qu'elle croit sublime : et vous aurez la mesure du travail qu'il faut accomplir avant que l'âme populaire nous appartienne !

Mais est-ce donc tout? Et faut-il entrer plus avant dans le détail de toutes les perversions d'idées et de sentiments qu'il s'agira de combattre? Faut-il vous parler de cette théorie de la guerre qui la prône et qui en proclame la nécessité en l'honneur des mâles vertus, des actes d'héroïsme dont elle fournit l'occasion? Mais on va loin avec de semblables théories; les épidémies les plus cruelles, la peste et la lèpre, ne sont-elles pas de magnifiques occasions d'héroïsme pour le médecin qui en soigne les victimes, pour le prêtre qui les console? Quel dommage donc que ces deux fléaux épargnent depuis des siècles le monde civilisé et qu'on a donc tort de les empêcher de nous envahir, car quelle source de dévouement et de vertu n'a-t-on pas tarie en les tenant à distance! Et faut-il vous parler de cette férocité latente qui sommeille sous le vernis de notre civilisation, qui ne se donne pas la peine de faire des théories, mais que le spectacle et l'imagination de la lutte meurtrière attirent, comme l'odeur du sang réveille les instincts sauvage du tigre apprivoisé?

... Ah! Messieurs, elle est formidable la *bête* humaine : mais la *bêtise* humaine l'est peut-être davantage; cette bêtise qui écrase chaque aspiration généreuse, chaque énergie dirigée vers un progrès tant soit peu hardi, sous des lieux communs comme celui-ci : «Tant qu'il y aura des hommes, il y aura toujours des guerres»; cette bêtise, qui se croit spirituelle, lorsqu'elle est cynique, qui se permet de l'ironie et des airs de supériorité, comptant sur la bêtise plus grande encore qui les subit et les accepte, fière de s'en revêtir à son tour! Tout cela, il nous faut le vaincre, il nous faut le transformer, pour que la base idéale de notre union devienne réalité!

Nous voici devant une tâche, Messieurs, de laquelle dépend le succès ou l'insuccès de notre œuvre, et qui manifestement dépasse nos forces.

Que pouvions-nous faire, en effet, pour nous emparer de l'âme populaire? Nous adresser à nos électeurs? Fort bien; mais ce n'est pas une action aussi intermittente que la nôtre, se doublât-elle de réunions électorales, qui pourra battre en brèche des préjugés enracinés, détruire des passions héréditaires, et — chose plus difficile que tout le reste. — triompher de la paresse de penser que les masses opposent à tout ce qui les prend par surprise. L'éloquence la plus persuasive glisse sur un auditoire mal préparé, comme l'eau glisse sur la toile cirée. L'orateur peut quelquefois vaincre l'opposition positive des intelligences à la thèse qu'il soutient sur un sujet connu; il ne parviendra presque jamais à les saisir d'un ordre d'idées nouveau, dont les premières données leur échappent; en face de l'inconnu, les masses se cantonnent dans la résistance passive de l'indifférence : elles ne disent ni oui, ni non; leur pensée reste à l'état neutre; elles se comportent comme si on leur avait parlé un idiome étranger. Et si, par impossible, quelque impression avait été produite, elle sera bien vite oubliée ou détruite par des influences contraires; à la prochaine réunion, ce sera à recommencer avec le même résultat, ou, pour mieux dire, avec la même absence de résultat.

Pour surmonter des obstacles de cette nature, il faut une infiltration quotidienne, une suggestion constante; il faut que la même chose soit répétée en toute occasion, sous des formes variées, — je le veux bien, — mais avec une persistance de tous les jours, qui s'empare des âmes et ne les lâche plus. Notre mission éducatrice demande la collaboration d'une force capable de tout cela; d'une force agissant partout et toujours, agissant par des procédés assez

variés pour s'adapter à tous ces niveaux d'intelligence et à toutes
ces manières de penser, parlant à chacun sa langue, mais disant
dans toutes ces diverses langues la même vérité, la disant et la
redisant sous l'inspiration d'une pensée de propagande systématique, sur tous les tons que cette pensée exige, depuis l'insinua-
tion qui prépare, et l'exposition qui éclaire, jusqu'à la déclamation
qui entraîne. (*Applaudissements.*)

Cette force n'est ni en nous, Messieurs, ni en ces admirables
associations pour la paix, qui n'embrassent qu'une élite relativement peu nombreuse, et dont la propagande est aussi lente que
la nôtre. De force semblable il n'y en a qu'une, et c'est la presse.
C'est donc elle dont il faut nous emparer, c'est elle qu'il nous faut
amener à se discipliner et à s'organiser au service de notre cause.
Cela est tellement évident, il est tellement clair que c'est là notre
besoin le plus urgent, notre tâche la plus pressée, que je vous demande presque pardon de m'être tant attardé à le prouver.

Comment ne l'avons-nous pas vu? Comment avons-nous négligé jusqu'à ce jour une force auxiliaire aussi indispensable?
Il s'agissait pour nous — n'est-ce pas? — de conquérir la paix
par l'action du peuple sur les pouvoirs publics; c'est en vue de
ce résultat que l'Union interparlementaire a été créée; mais comment ne voyons-nous pas que c'est la forme seule de ces pouvoirs
que notre organisation embrassait, — car les Parlements ne sont
que cela, — tandis que les forces réelles de l'âme populaire, les
sentiments qui l'agitent, les passions qui la troublent, les aspirations dont elle déborde, les idées qui germent en elle et les con-
victions qui s'y forment, — en un mot, toute cette vie et toute

cette énergie intérieure dont les pouvoirs représentatifs ne sont que la manifestation, sous peine de n'être rien du tout, nous échappait et nous faisait défaut? Ne vous semble-t-il pas que nous avons été modernes à l'excès en nous bornant ainsi, et que notre plan d'action peut avoir subi à notre insu l'influence de ce parlementarisme décadent qui croit être quelque chose par lui-même, indépendamment des sources vitales qui jaillissent du peuple, et dont les adeptes fabriquent des assemblées comme le docteur Faust voulait fabriquer un homme par des procédés chimiques, quitte à s'étonner, à s'indigner même que personne ne prenne leur *homunculus parlamentaris* au sérieux?

Ou bien la même illusion qui nous faisait envisager l'opinion publique comme acquise d'avance à nos idées nous portait-elle à croire que le concours de la presse nous arriverait tout seul, ou sur le simple appel que la première réunion de nos illustres fondateurs résolut de lui adresser en 1888, — appel qui n'a pas été, que je sache, renouvelé depuis? Les deux illusions se rattachent à la même pensée, — illusion celle-là aussi dans bien des cas, — à la pensée que les choses sont en réalité ce qu'elles devraient être en saine raison. Il était bien naturel de s'y abandonner au début; mais aujourd'hui les faits sont là pour nous ouvrir les yeux.

Car nous ne l'avons pas, Messieurs, ce concours de la presse qui nous est si nécessaire : nous ne l'avons d'aucune façon. Il y a une presse spéciale, vouée exclusivement à la propagande des idées pacifiques, qui rend, à coup sûr, des services éminents, mais qui ne saurait remplir la mission universelle dont il s'agit pour nous;

ses lecteurs se recrutent pour la plupart parmi les personnes déjà acquises à la cause; la masse du public ne la lit guère, la soupçonne d'utopisme et se raidit contre son influence. La presse qu'il nous faut, c'est la presse politique générale, celle où le gros du monde puise ses informations et ses appréciations sur tous les faits de la vie publique, celle à laquelle il donne sa confiance, dont il se nourrit et dont la couleur se communique à des masses de lecteurs. Or, je le répète, le concours de cette presse, nous ne l'avons pas; elle nous est même généralement contraire.

A quoi sert que tel journal ou tel autre veuille bien publier d'époque en époque un article signé Frédéric Passy ou Mme de Suttner, si ce même journal prêche tous les jours la doctrine contraire, ou s'il se complaît à dénigrer demain les idées auxquelles il accordait aujourd'hui une hospitalité froidement respectueuse?

Sauf quelques esprits indépendants, le public s'en tiendra au menu quotidien du journal; les rares articles de nos éminents amis lui feront l'impression d'une spécialité curieuse, sans portée pratique; c'est, en effet, comme telle qu'ils lui ont été offerts. Non, Messieurs, nous n'avons que faire d'une collaboration aussi capricieuse, d'une attitude tantôt bienveillante, tantôt dédaigneuse, prêchant aujourd'hui la paix, soufflant demain sur toutes les passions chauvines, sujette à tous les entraînements, dont je viens de vous faire le tableau. Il nous faut un concours constant et systématique; or celui-là nous ne l'avons pas, il nous faut le créer.

Mais cela est-il possible, me direz-vous, et par quel miracle changera-t-on l'attitude de la presse, ou même d'une partie de la presse, si ses dispositions présentes sont vraiment si peu favorables ?

Eh bien! oui, Messieurs, cela est possible : car c'est fait. Votre groupe hongrois, chez qui l'idée a germé, s'est adressé à la presse de son pays sans perdre du temps, il lui a demandé un concours organisé et systématique au nom des grands intérêts humanitaires que nous représentons, et au nom de ce patriotisme qui ambitionne pour sa nation le premier rang au service de ces intérêts. Notre appel a été entendu, et dès aujourd'hui le groupe hongrois de l'union de la presse est une réalité vivante. Nous avons eu la joie d'apprendre, il y a quelques jours, que nos amis de Serbie s'apprêtent à suivre notre exemple.

Ce qui a été possible à l'Orient de l'Europe, pourquoi ne le serait-il pas en Occident?

Il doit y avoir des amis convaincus de notre cause parmi les ouvriers de la plume, comme il y en avait parmi les membres des Parlements avant même qu'ils se fussent connus et rencontrés dans l'Union interparlementaire.

Les symptômes défavorables qu'il me fallait constater se trouvent — c'est ma conviction intime — à la surface plutôt qu'au fond ; ils accusent les habitudes d'une routine surannée et les penchants sceptiques habituels, hélas! aux gens d'esprit, bien plus que des idées arrêtées ; mais ils tiennent surtout à une connaissance trop peu approfondie du problème de la paix tel qu'il sort des travaux de notre Union. Il ne faudra donc opérer aucun miracle pour obtenir un changement moins radical en réalité qu'en apparence; il faudra simplement faire ce que nous avons fait en Hongrie,

8.

sans être le moins du monde thaumaturges : il faudra s'adresser aux esprits sérieux et bien disposés pour notre cause, qu'on trouvera dans la presse, comme on les a trouvés dans les Parlements; s'expliquer avec eux sur la vraie nature de nos tendances, fixer leur adhésion par le double lien d'une obligation morale qu'il ne leur coûtera guère d'accepter, et d'une organisation dont ils sentiront le besoin dès que leur sympathie latente pour notre cause sera passée à l'état conscient.

Dès les premiers commencements de cette organisation, nous en sentirons l'heureux effet; pour me servir d'une tournure de phrase affreusement banale, mais qui dans ce cas exprime seule la vérité tout entière : une nouvelle ère aura commencé pour notre cause. Ce n'est pas mon imagination qui voit cette ère nouvelle, c'est mon expérience. L'union de la presse vient de naître en Hongrie, elle marche encore à tâtons dans une voie si peu connue; mais que notre situation est pourtant changée depuis que nous avons cet appui et ce secours !

Jadis les observations que nous présentions de temps en temps à la Chambre ou aux délégations, dans l'intérêt de notre cause, disparaissaient sous l'indifférence générale; c'est à peine si elles arrivaient à la connaissance du public; nos tendances étaient mal connues, on les traitait de chimériques; tout au plus les considérait-on comme une faiblesse excusable, comme une manie inoffensive, semblable à celle des collectionneurs de timbres-poste ou de cartes postales illustrées. Aujourd'hui, c'est différent; déjà, aux dernières délégations, nous suivions un plan d'action arrêté par le groupe interparlementaire et concerté avec le groupe de la presse;

notre action tomba donc sur un public bien préparé et instruit de sa portée par des commentaires et comptes rendus détaillés. On ne fait pas une part moins large aux intérêts généraux de notre union.

Des articles judicieusement espacés éclairent les lecteurs de nos journaux — sans différence de parti — sur la nature et sur le but de l'œuvre interparlementaire ; depuis des semaines on leur parle de la Conférence de Paris, sur les travaux de laquelle ils seront renseignés en détail, par un service spécial organisé au profit de tous les journaux appartenant à l'Union de la presse. Jugez, Messieurs, de l'essor que ce nouveau milieu de publicité sympathique a dû nous communiquer; nos réunions sont devenues fréquentes et animées; nous nous sentons en contact avec les masses, nous sommes capables de propagande et d'action. C'est la vie qui succède à la torpeur, l'espoir au découragement, la réalité à la fiction. (*Applaudissements.*)

Et que sera-ce lorsqu'une transformation aussi heureuse se sera étendue à tous les pays, lorsque tous nos groupes sentiront cette infusion de vie nouvelle, lorsque notre organisation tout entière se verra ainsi appuyée par la presse du monde entier, lorsqu'un même plan d'action mettra en mouvement les Parlements et les masses! Ah! Messieurs, peut-on hésiter, peut-on se cantonner dans le scepticisme ou dans l'indolence devant de pareilles perspectives !

Les commencements de la nouvelle organisation seront peut-être modestes; on subira des difficultés et des mécomptes : c'est égal. Songez à ce que fut l'Union interparlementaire il y a douze ans, et voyez ce qu'elle est aujourd'hui ! Si, en douze ans d'ici,

l'union pacifique de la presse a pris en proportion le même développement, nous pourrons nous dire que nous avons conquis le
monde.

J'ai fini, Messieurs, et je vais quitter cette tribune à laquelle je
suis monté avec toute l'émotion propre aux heures décisives : tra-
vaillé d'une part par la crainte que la faiblesse de ma parole ne
trahisse l'idée dont elle était gardienne, mais soutenu d'autre part
par la force d'une conviction enthousiaste, dont je ne désespérais
pas de vous faire partager la contagion, je crois, je pense — non :
je sais que notre avenir dépend du succès de l'initiative que j'ai
mission de vous proposer et que ce succès lui-même dépend de
notre volonté et de notre énergie. Puissé-je avoir communiqué à
vos âmes cette conviction, cette volonté, cette énergie : non pas
l'effervescence d'une heure qui se dépense en acclamations, mais
cet enthousiasme patient qui a créé nos monuments, nos œuvres
d'art, notre science, qui a conquis nos libertés et nos gloires, et
qui seul fait triompher les grandes causes.

Et ici, au cœur de la France, du haut de la tribune française,
dont les grandes traditions se dressent en ce moment devant mon
âme, c'est à vous, chers collègues de France, que je m'adresse
surtout. Ce que votre grande nation a été à travers les siècles, à
travers les tempêtes de l'Histoire, à travers le feu et le sang, au
prix d'immenses sacrifices et de glorieuses meurtrissures : avant-
garde infatigable de l'humanité, — faites qu'elle le soit encore à
l'heure présente.

Si nous avons occupé pour un moment ce poste d'honneur,
nous autres, fils d'une petite nation, ayant, elle aussi, le cœur

chaud et l'âme fière, c'est que nous avons été les premiers à découvrir la brèche et qu'il fallait bien s'y lancer sans perdre du temps; mais nous vous cédons de grand cœur votre place traditionnelle et nécessaire : car, lorsqu'il s'agit d'un progrès idéal, les peuples regardent vers la France, et c'est elle qu'ils veulent avoir à leur tête. Ou bien, si cela vous convient mieux, nous ne quitterons pas le poste, nous le partagerons avec vous, et dans cet acheminement vers le triomphe de la paix, nous verrons avec bonheur notre drapeau flotter à côté de l'oriflamme de France! (*Applaudissements.*)

Je soumets au jugement de l'assemblée, je recommande au zèle des groupes et je place sous l'égide de la France les propositions relatives à l'union de la presse pour la paix et l'arbitrage international! (*Applaudissements prolongés.*)

M. FALLIÈRES, *président*. La parole est à M. Beauquier, député français, pour répondre à M. le comte Apponyi.

M. BEAUQUIER. Messieurs, je veux rechercher avec vous pourquoi jusqu'ici, malgré l'ardeur que nous avons mise dans notre propagande, nos efforts ne nous ont donné que des résultats insuffisants. Je suis d'avis, comme M. le comte Apponyi, qu'il est urgent de répandre chez les peuples l'idée d'arbitrage; je suis d'accord avec lui sur le principe, mais je diffère avec lui sur les moyens d'exécution.

Nous avons oublié que la question de propagande prime toutes les autres questions et qu'avant de songer à publier un code de l'arbitrage, et avant de constituer des tribunaux d'arbitres, il faut nous faire les éducateurs de l'opinion publique et gagner les masses à nos idées.

Quand pouvons-nous espérer de voir nos conceptions réalisées, si nous n'avons pas persuadé les populations qu'il n'y a pas deux morales, une pour les gouvernants, et une autre pour les particuliers; si nous ne les avons pas dégoûtés de la gloire fausse et mensongère des conquérants, que l'histoire devrait flétrir au lieu de les exalter, et si nous ne leur avons pas dit et redit que tous les peuples se valent et qu'on ne doit les classer et les hiérarchiser que selon le respect de la justice et du droit.

M. Fallières, *président*. M. Beauquier, je vous demande pardon de vous interrompre, mais l'heure s'avance, et je pense qu'il vaudrait mieux remettre la suite de votre développement à la séance de demain.

La séance est levée à midi et renvoyée au lendemain pour la suite du discours de M. Beauquier.

DEUXIÈME SÉANCE.

SÉANCE DU MERCREDI 1ᵉ AOÛT 1900.

La séance est ouverte à 10 heures, sous la présidence de M. Fallières, président du Sénat français.

M. Fallières, *président.* La parole est à M. Beauquier.

M. Beauquier, *député français.* Je vous disais hier qu'avant de constituer des tribunaux d'arbitres, il nous fallait répandre dans les masses l'horreur de la guerre.

Or la presse, telle qu'elle est aujourd'hui constituée, semble aller à l'encontre de ce but. Faisant appel aux plus mauvais sentiments, à la haine, à l'intérêt, à l'orgueil, elle excite les peuples les uns contre les autres, donnant plus de place dans ses feuilles aux récits des combats meurtriers qu'aux actes d'apaisement ou de conciliation.

Je crois qu'il serait nécessaire d'intervenir et de faire connaître à la presse les efforts qui sont tentés pour faire sortir du rang des utopies la paix universelle et l'arbitrage.

Pour ce faire, il me semblerait opportun de créer une agence pacifique qui publierait chaque jour un bulletin contenant des articles qui traiteraient toutes les questions intéressant la paix.

Cette agence devrait être abonnée aux principaux journaux d'Europe, si le service gratuit ne lui en était pas fait, pour se tenir au courant de la politique européenne.

Le bulletin quotidien serait rédigé en trois langues : en allemand, en anglais et en français.

Il serait envoyé gratuitement aux principaux journaux et moyennant un prix à déterminer aux sociétés de la paix et à leurs membres.

J'estime qu'une somme de 30,000 francs serait annuellement suffisante pour assurer le fonctionnement de l'agence.

Voilà certainement l'organisation pratique qui me paraîtrait préférable. Mais, à défaut de cette organisation que certains pourraient trouver un peu coûteuse, il en est une autre dont la réalisation serait plus rapide et moins chère.

Dans la plupart des capitales européennes, il existe une agence de presse, d'informations, correspondant à ce qu'est en France l'agence Havas : à Londres, nous avons l'agence Reuter; à Berlin, l'agence Wolff; à Bruxelles, à Pétersbourg, à Vienne, à Copenhague, existent des agences du même genre dont j'ignore le nom.

Tous ces bureaux d'informations sont organisés à peu près comme je voudrais voir organisée notre agence pacifique. Ils reçoivent presque tous les grands journaux d'Europe, ils ont de nombreux traducteurs, et ils envoient tous les jours un bulletin à de très nombreux journaux qui sont leurs abonnés.

Eh bien! ne pourrait-on pas négocier avec chacune de ces agences afin d'avoir auprès de chacune d'elles un rédacteur, payé par nous sur des fonds à recueillir par souscriptions, et qui serait chargé d'écrire ou de faire traduire, de tous les journaux, les articles pacifiques. Cet écrivain ferait passer ces traductions dans le bulletin de l'agence moyennant un prix convenu d'avance, à forfait, pour toute l'année ou pour chaque article selon son étendue.

Supposons que nous ayons réalisé cette combinaison avec l'agence Havas, par exemple, chaque jour le bulletin que l'agence Havas envoie aux journaux, à ses correspondants, à ses abonnés contiendrait des articles ou des informations pour la propagande pacifique.

Il resterait à trouver les fonds nécessaires. Nous pourrions employer pour les recueillir les moyens qu'emploient toutes les sociétés de bienfaisance, et serait-il œuvre plus bienfaisante que la nôtre. Nous pourrions faire appel aux corps élus, aux conseils généraux, municipaux, etc., organiser des fêtes, des tombolas. Je reconnais qu'il y a là un problème à résoudre; mais, puisque l'on trouve tant d'argent pour faire la guerre, il serait étrange que l'on n'en puisse trouver pour conserver la paix. (*Applaudissements.*)

M. le Dr HIRSCH (*Allemagne*) prononce un éloquent discours, dont une maladie de l'orateur n'a pas permis d'obtenir le texte allemand. En résumé, l'orateur déclare se rallier au projet de résolution de M. le comte Apponyi. Il explique que le concours de la presse est indispensable pour la propagande des idées pacifiques, il ajoute qu'il est permis de compter sur elle. Plus sa puissance est grande, plus elle doit avoir conscience de l'étendue de ses devoirs. (*Applaudissements.*)

9.

M. Frédéric Passy (*France*). Je n'ai à vous dire, Messieurs, que quelques mots, que j'aurais voulu vous dire déjà hier, car je désirerais que personne dans cette salle n'ait la pensée que notre ami Beauquier ait pu avoir l'idée d'affaiblir l'impression produite par l'admirable discours du comte Apponyi.

Beauquier n'a pu songer qu'à nous prémunir contre l'illusion et à nous montrer les difficultés qui sont devant nous. Il est toujours bon, en effet, de les connaître. Mais, quelles qu'elles soient, il faut, après les avoir mesurées, agir pour en avoir raison.

Beauquier a dit justement, comme le comte Apponyi, que la presse n'avait pas suffisamment foi en l'avenir de l'arbitrage et de la paix. Cette foi, c'est à nous de la lui donner. Il a dit que les peuples eux-mêmes, tout en détestant la guerre et en en souffrant, ne savent pas assez à quel point elle leur est préjudiciable et ce qu'il faut faire pour l'écarter. C'est à nous qu'il appartient de leur donner cette intelligence de leurs intérêts et de leur pouvoir.

Et, quoi qu'on dise, cela n'est pas impossible. Reportons-nous non pas à cinquante ans en arrière ou davantage, comme le peuvent faire les hommes de mon âge, mais seulement à vingt ans ou à dix ans. Vais-je être exposé aujourd'hui, comme je l'ai été les premières fois que j'ai parlé d'arbitrage à la tribune, à lire le lendemain dans les journaux que j'ai été « traîné sur la claie »? (*Rires.*)

Cette conférence qui nous réunit a débuté le 30 octobre 1888, dans une salle d'hôtel, par la rencontre d'une demi-douzaine de membres de la Chambre des communes d'Angleterre amenés par M. Cremer et d'une vingtaine de députés amenés par Jules Simon et par moi. Et la voici, après avoir été reçue au Capitole entre deux haies de soldats, à Berne dans le palais fédéral, à Buda-Pest, à Bruxelles et ailleurs officiellement, la voici, siégeant ici, dans la salle du Sénat français, sous la présidence du Président du Sénat, en face de cette fête du Travail, qui n'a pas de sens si elle n'est pas la fête de la Paix. (*Vifs applaudissements.*)

Messieurs, un ministre français répondit, un jour, au bureau d'une société d'intérêt public qui venait lui demander l'appui du Gouvernement : « Soyez forts, et l'on vous soutiendra. » Moi je vous dis : Soyez forts, ou plutôt : Vous êtes forts, sachez-le, montrez que vous le savez, et la presse et le public et les gouvernements vous soutiendront. (*Applaudissements sur tous les bancs.*)

M. le commandeur DE KOSSUTH (*Hongrie*) déclare en termes éloquents se rallier à la résolution de M. le comte Apponyi. (*Approbation.*)

M. le baron D'ESTOURNELLES DE CONSTANT (*France*) dit qu'il votera la résolution Apponyi. Il rend hommage au zèle de la presse pour la cause de la paix. Ce zèle est réel, ainsi qu'il a pu s'en convaincre lors de la conférence de la Haye. Mais il ne faut pas exagérer l'importance du rôle de la presse au point de croire qu'elle soit toute-puissante.

L'action individuelle a aussi une grande efficacité pour éclairer l'opinion, l'orateur s'en est rendu compte pendant la campagne de conférences qu'il a faites dans ces dernières années pour la diffusion des idées pacifiques.

Il conclut en recommandant à l'égal de la diffusion des idées par la voie de la presse la propagande individuelle. C'est par elle que se sont propagés le christianisme, la réforme, la révolution, en un mot tous les grands mouvements qui ont transformé l'humanité. (*Vifs applaudissements.*)

M. Lewakowsky (*Autriche*). Je ne crois pas qu'une conférence qui s'occupe essentiellement d'arbitrage puisse ne pas traiter la question que je veux lui signaler.

Certes, depuis quelques années, nos efforts n'ont pas été vains, et la Conférence de la Haye peut être considérée comme le résultat de notre active propagande. Au lendemain de cette conférence, il semblait qu'une ère de paix dût s'ouvrir pour le monde.

Malheureusement, en ce moment même, les Anglais et les Boers sont en conflit. Qu'allons-nous faire? N'est-il pas de notre devoir de nous saisir de la question et d'inviter les belligérants à cesser les hostilités en les pressant de recourir à l'arbitrage? (*Mouvements divers.*)

M. le Président rappelle à l'orateur qu'il est d'usage, dans les réunions de la Conférence, de ne pas engager sur les affaires ou conflits pendants lors de ces réunions des discussions de nature à froisser les susceptibilités légitimes de certains membres de l'assemblée.

M. Yves Guyot fait observer que M. Beauquier est bien ambitieux en demandant à la Conférence interparlementaire de constituer une concurrence aux agences Havas ou Reuter.

Il demande que le Comité directeur étudie la fondation d'un office international de renseignements sur les affaires extérieures, analogue à l'office parlementaire établi par M. Fournier, directeur de la *Revue politique et parlementaire*. Celui-ci a constitué le dossier de toutes les questions qui se sont présentées au Parlement depuis 1870. De même, on pourrait constituer le dossier des questions étrangères depuis un temps à déterminer.

Quand une question se présenterait, on pourrait, en se plaçant à un point de vue purement objectif, en faire les extraits nécessaires, établir l'historique de la question, indiquer comment chacun des intéressés l'envisage.

Donner des matériaux à l'opinion publique, à la presse, afin de la faire discuter sur des réalités, et non sur des conceptions subjectives, tel serait le but à atteindre.

C'est seulement de cette manière qu'on peut agir sur la presse. Il faut lui offrir des documents et non des conseils. Chaque journal est une entreprise privée : et il n'admettrait pas que l'on vînt lui dire : Faites ceci, faites cela.

M. le Président. Je vais mettre aux voix le projet de résolution de M. le comte Apponyi.

Ce projet est ainsi conçu :

L'Union engage ses groupes à prendre dans leur pays l'initiative de la formation de groupes de la presse en vue de l'organisation pour la paix et l'arbitrage selon l'idée contenue dans les statuts provisoires arrêtés par la presse hongroise.

Elle confie au Conseil interparlementaire le soin de se mettre en rapport avec le Conseil provisoire de l'Union de la presse, dès que celui-ci sera constitué, afin de préparer les relations permanentes des deux Unions.

Ce projet de résolution est adopté à l'unanimité par acclamations[1].

M. Beauquier émet une résolution ainsi conçue :

Sous le nom d'Agence de la paix, un service international de presse sera rattaché aux Bureaux de la paix, à Berne.

Cette agence publiera chaque jour un bulletin qui sera envoyé gratuitement aux principaux bureaux d'Europe.

Pour constituer les fonds nécessaires à la publication de ce bulletin, un appel sera adressé aux Sociétés de la paix, aux Conseils élus, aux Parlements, à tous les amis de la paix.

Le projet de résolution de M. Beauquier est renvoyé à l'examen du Conseil.

Est également renvoyée à l'examen du Conseil la proposition suivante de M. Yves Guyot :

Le Congrès invite le Comité directeur à étudier la fondation d'un bureau international chargé de centraliser et de coordonner tous les documents relatifs aux affaires diplomatiques et d'en communiquer les extraits utiles quand il le jugerait nécessaire.

M. Stanhope (*Grande-Bretagne*) exprime l'espoir que d'ici à peu de mois il sera possible, malgré les circonstances, d'organiser en Angleterre une union de la presse comparable à celle qui a si bien réussi en Hongrie.

---

[1] Voir Annexe, page 154, les statuts provisoires arrêtés par la presse hongroise.

M. le baron d'Estournelles de Constant dépose un projet de résolution dont la mise à l'ordre du jour a été autorisée par le Conseil.

Ce projet est ainsi conçu :

La Conférence émet le vœu que l'intervention armée des puissances pour la juste répression des massacres qui ensanglantent la Chine, n'aboutisse pas à des conquêtes nouvelles pouvant entraîner la guerre universelle, ni à des entreprises funestes pour l'avenir économique, social et politique des États européens, mais qu'elle soit, au contraire, le commencement d'une union organisée et durable entre ces États.

La discussion de ce projet de résolution est renvoyée au lendemain. Imprimé en français, en anglais et en allemand, il sera distribué à tous les membres de la Conférence.

M. Beernaert donne lecture du projet d'une Adresse que les membres étrangers de la Conférence se proposent de remettre à M. le Président de la République.

Cette adresse est ainsi conçue :

Monsieur le Président de la République,

L'Union interparlementaire pour l'arbitrage a été fondée à Paris en 1889. Elle tient en ce moment sa dixième session, et c'est pour la seconde fois que nous siégeons dans la capitale de la France. Mais, au moment où votre grand pays célèbre avec un éclat sans précédent la fête de la paix et du progrès, notre choix était d'avance tout indiqué.

Nous venons, Monsieur le Président, vous exprimer nos sentiments de respect pour le premier magistrat de la République, l'admiration que nous fait ressentir le spectacle que Paris donne en ce moment au monde et notre reconnaissance pour l'hospitalité que nous y recevons.

A côté d'efforts artistiques et industriels vraiment gigantesques et de l'incomparable aspect de l'Exposition qui en réunit les merveilles, Paris se préoccupe de tous les problèmes de l'heure présente. Il y a ici comme un assaut de bon vouloir, et de travaux utiles et féconds. Puisse-t-il en résulter de nouveaux pas en avant dans la voie du bien! et que de plus en plus se développent et se consolident les sentiments de fraternelle union entre votre beau pays et les nôtres!

Veuillez agréer, Monsieur le Président de la République, l'hommage de nos sentiments respectueux.

Ce projet d'Adresse est adopté à l'unanimité aux acclamations des membres de la Conférence.

M. Émile LABICHE (*président du Groupe français*) annonce que les membres de la Conférence, ainsi que leurs familles, pourront être reçus le lendemain, à 4 heures de l'après-midi, par M. le Président de la République.

La séance est levée à midi 5 minutes.

TROISIÈME SÉANCE.

SÉANCE DU JEUDI 2 AOÛT 1900.

La séance est ouverte à 10 heures, sous la présidence de M. Beernaert.

M. Beernaert, *président*. M. Fallières, président du Sénat, me communique la dépêche suivante de M. Villa, président de la Chambre des députés d'Italie, en me priant de la communiquer à la Conférence :

Merci bien à vous, Monsieur le Président, et à tous les honorables membres de la Conférence interparlementaire, des nobles sentiments de sympathie que vous avez bien voulu m'adresser dans ce moment douloureux.

Je me réserve de communiquer à la Chambre des députés votre télégramme dans la séance extraordinaire qui aura lieu lundi prochain; en attendant, je vous prie d'agréer l'expression de ma vive reconnaissance pour la part que vous venez de prendre à notre immense douleur.

Signé : Tommaso Villa,
Président de la Chambre des députés d'Italie.

M. le comte Apponyi remplace au bureau M. Beernaert, auquel il donne la parole pour développer les conclusions de son rapport sur le projet de résolution relatif aux délibérations de la Conférence de la Haye.

10.

M. Beernaert s'exprime ainsi : Messieurs, en 1869, on éva-
luait la charge des dépenses militaires en Europe à un peu plus
de trois milliards par an. Aujourd'hui que les cinq grandes puissances peuvent, à elles seules, mettre sur pied plus de dix millions
d'hommes, la dépense atteint cinq milliards. C'est là, malgré la
prospérité publique, un fardeau écrasant, et comme il va toujours
augmentant, que chaque pas en avant dans l'art de s'entre-détruire
appelle des progrès nouveaux, c'est à la banqueroute que l'Europe
est conduite.

Le Gouvernement russe a eu le rare mérite d'apercevoir ce
péril et de le proclamer. Ce fut la raison d'être de cette assemblée
de la Haye qui devait s'appeler d'abord « Conférence du désarmement » (*Abrustungs Conferenz*) et qui prit bientôt le beau nom de
« Conférence de la paix ». C'était la paix, en effet, que l'on montrait
comme l'éternel idéal de l'humanité, et le meilleur moyen d'y arriver n'était-il pas de mettre conventionnellement un frein à cette
augmentation incessante de l'appareil militaire, qui rend la paix
presque aussi onéreuse que les guerres d'autrefois?

Dans la bouche du souverain d'un immense et puissant empire,
semblable invitation constituait un événement de premier ordre.
L'effet en fut retentissant, mais on put voir bientôt que les temps
n'étaient pas venus, et la Conférence ne se serait probablement
pas réunie, si la Russie, sagement intelligente de la situation,
n'avait à la fois adouci et élargi son programme.

La circulaire du comte Mouraview, du 30 décembre 1898, ne
parlait plus que de tenter de mettre un terme à l'accroissement
progressif des armements de terre et de mer, et elle proposait

d'autres questions à l'examen des puissances. D'une part, on ver-
rait à assurer le maintien de la paix générale par le recours aux
bons offices de la médiation, à l'arbitrage. D'autre part, puisque
l'histoire du passé démontre que la guerre ne peut être absolument évitée, on en réduirait les horreurs en en réglementant
les lois et les coutumes, dans des vues d'humanité, en proscri-
vant certains engins de destruction particulièrement malfaisants, en
étendant à la guerre maritime les principes de la Convention de
Genève.

C'était là, Messieurs, un vaste cadre où pouvaient se rencontrer
utilement toutes les bonnes volontés, et ce fut celui de la Conférence de la Haye; il avait été en quelque sorte tracé d'avance par
un Français illustre, M. Arthur Desjardins.

Des trois Sections en lesquelles elle se subdivisa, la première fut chargée de tout ce qui touchait la question des armements, et je fus appelé au périlleux honneur de la présider, sans
doute comme représentant d'un pays dont la neutralité est garantie
par les traités et qui a joui, par suite, de soixante-dix ans d'une
paix ininterrompue.

Sur ce terrain, il fut évident d'emblée que l'on n'aboutirait pas.
Ce fut en vain que les délégués russes restreignirent progressive-
ment leurs propositions, en limitant les engagements réciproquement demandés à des termes très courts et en admettant même
que le chiffre des effectifs militaires ne fût arrêté que pour la mé-
tropole, liberté entière étant laissée quant aux troupes coloniales.

On se heurtait à des méfiances non exprimées; et puis, quels
seraient, se disait-on, les moyens éventuels de contrôle? Comment

les admettre, comment les exercer sans quelque atteinte à l'indépendance des nations?

À part quelques résolutions de peu d'importance au sujet de la prohibition de certains engins de guerre, la 1ʳᵉ Commission n'aboutit donc qu'à ce vœu généreux, mais un peu platonique :

« La Conférence estime que la limitation des charges militaires qui pèsent actuellement sur le monde est grandement désirable pour l'accroissement du bien-être matériel et moral de l'humanité. »

Et encore faut-il savoir grand gré au premier plénipotentiaire de France, M. Léon Bourgeois, d'avoir présenté et fait adopter cette motion, puisque ainsi, à défaut de pouvoir réaliser la réduction des armements que proposait la Russie, la Conférence a, du moins, reconnu que rien ne serait plus désirable.

Il est vrai que semblable vœu avait été exprimé déjà. En 1816, au Congrès de Vienne, on voulait aussi fonder la paix sur le désarmement, ou du moins sur la fixation d'un effectif normal des forces de chaque pays. C'était l'objet de la lettre célèbre d'Alexandre Iᵉʳ de Russie à lord Castlereagh. Plus récemment, il y a une dizaine d'années, je pense, lord Salisbury avait fait préparer un grand travail sur le désarmement international, et l'on a dit que l'empereur Guillaume d'Allemagne, à qui ce mémoire avait été confidentiellement communiqué, l'avait hautement approuvé.

Mais de si vastes progrès ne sont jamais l'œuvre d'un jour, et, au milieu des horreurs qui trop souvent souillent l'heure présente, c'est chose consolante de voir l'univers civilisé se préoccuper de leur réalisation.

Quand, dans l'Histoire, a-t-on vu une institution comme la nôtre, où des hommes éminents, appartenant aux nations les plus diverses, se réunissent périodiquement sans aucune préoccupation d'intérêt personnel ou d'amour-propre national, dans le seul but d'amener ou de hâter le règne de la paix dans le monde?

Mais ce n'est pas sur l'œuvre de la 1ʳᵉ Commission de la Haye que je suis chargé de vous faire un rapport.

Je n'ai pas davantage à vous entretenir des résultats relativement considérables qui ont été obtenus par la 2ᵉ Commision, sous la présidence de notre éminent collègue, M. de Martens. Là, il s'agissait de reprendre l'œuvre ébauchée à Bruxelles, en 1874, et d'étendre les stipulations de la Convention de Genève. Grâce au concours de tous les bons vouloirs, on a réussi dans une large mesure, et nombre de règles depuis longtemps inscrites dans la conscience universelle ont pris pour la première fois l'aspect de règles positives.

J'arrive aux questions de médiation et d'arbitrage qui ont dominé l'œuvre de la Conférence et au sujet desquelles j'ai mission de vous présenter un rapport succinct.

L'arbitrage et la médiation sont entrés depuis longtemps dans la pratique de la diplomatie, nombre de conventions internationales stipulent semblable recours, et mon petit pays a introduit dans maints traités une disposition de ce genre, en termes absolument généraux.

Mais jusqu'ici, sous l'empire des passions du moment, une tentative de médiation était aisément considérée comme un acte peu amical, et rien ne réglant la procédure de l'arbitrage, il fallait chaque fois l'arrêter à l'heure même du dissentiment.

Rien donc ne pouvait être plus utile que d'établir à ce sujet des règles fixes.

C'est à quoi, depuis des années, s'est attachée notre Association, en même temps qu'elle entreprenait de provoquer l'établissement d'une sorte de juridiction permanente ou de Cour d'arbitrage.

Vous avez tous l'excellent Mémoire où notre collègue, M. le chevalier Descamps, a traité ce sujet à fond.

C'est ce thème qu'a repris la circulaire du comte Mouraview, mais en se bornant à des indications générales.

Dès le 26 mai, les délégués russes saisirent la Conférence d'un projet complet et bien ordonné.

En cas de dissentiment grave ou de conflit, les puissances recourraient, « en tant que les circonstances l'admettraient », aux bons offices ou à la médiation d'une ou de plusieurs puissances amies (art. 2), ou ces puissances elles-mêmes offriraient spontanément leur intervention (art. 6).

Il était déclaré que l'arbitrage était le moyen le plus efficace et en même temps le plus équitable pour le règlement des litiges (art. 7), et les puissances s'engageaient à y recourir pour leurs différends d'ordre juridique, mais en excluant formellement ceux qui touchent soit à l'honneur national, soit à leurs intérêts vitaux (art. 8), ce dont elles devaient être seules juges (art. 9).

Même dans ces limites, l'arbitrage n'était que facultatif; mais il devait être obligatoire dans quatre séries de cas spécifiés (art. 10), et des arrangements subséquents pouvaient étendre cette obligation (art. 11).

De plus, — et c'était là l'originalité du projet russe, — en cas de divergence de fait, les puissances devaient instituer des Commissions internationales d'enquête chargées d'étudier la question, mais leur rapport ne devait aucunement avoir le caractère d'une sentence arbitrale (art. 14 à 18).

Ce projet sembla tout d'abord bien accueilli, et, le même jour (26 mai), la Conférence était saisie par lord Pauncefote d'autres propositions conçues dans un esprit analogue.

Mais, sur ce terrain aussi, des méfiances s'éveillèrent, et le 4 juillet se dessina une opposition assez vive pour que l'œuvre entière semblât compromise.

Ce danger put être heureusement conjuré, mais au prix de regrettables concessions dans la rédaction définitivement admise; il n'est rien resté des cas d'arbitrage obligatoires, qui formaient une des dispositions essentielles du projet primitif.

L'arbitrage n'est donc que facultatif, dans tous les cas, et quelques-uns en ont conclu que le résultat auquel on est arrivé est pour ainsi dire négatif. A quoi bon, a-t-on dit, constater solennellement un droit dont la réalité ne pouvait être méconnue et dont il a été fait maintes fois usage?

Tel n'est pas mon sentiment.

L'œuvre de la Haye n'est qu'un pas vers le but que nous poursuivons, mais c'est un pas.

Dans un temps comme le nôtre, où l'autorité véritable est dans l'opinion publique, c'est quelque chose que de voir, au moins en principe, les puissances s'engager à recourir, avant d'en appeler aux armes, aux bons offices ou à la médiation d'une ou de plusieurs nations amies et proclamer que, pour régler les litiges d'ordre juridique, l'arbitrage est le moyen le meilleur et le plus équitable.

C'est quelque chose d'avoir fait aux États restés étrangers aux causes de la querelle une sorte de devoir d'offrir leur médiation, et de l'offrir avant que le conflit n'ait éclaté.

C'est quelque chose que ces Commissions internationales d'enquête qui, sans avoir de sentence à rendre, auront à procéder contradictoirement à un examen consciencieux et impartial des faits. La guerre de Cuba, par exemple, n'aurait-elle peut-être pas été évitée, si le grave incident du *Maine* avait été vérifié de la sorte, et le temps que ce travail aurait pris n'aurait-il pas donné aux passions le temps de se calmer?

C'est quelque chose que de voir les puissances d'accord pour recommander cette procédure, dont l'idée première appartient à M. Nols, de New-York, et d'après laquelle les États en désaccord chargent respectivement une autre puissance désintéressée de discuter et de négocier en leur nom, ces puissances remplissant ainsi une mission analogue à celle des témoins qui cherchent à éviter un duel.

C'est quelque chose enfin d'avoir réglé d'avance toute la procédure à suivre en cas d'arbitrage — tâche toujours difficile au dernier moment — et d'avoir institué, dans l'une des capitales de l'Europe, un bureau permanent qui personnifiera et matérialisera en quelque sorte l'idée de la paix.

Ce bureau ne constitue qu'une sorte de greffe; c'est une institution commune, soutenue à frais communs et qui, par conséquent, ne peut donner ombrage à personne. Il doit servir d'instrument à l'arbitrage, soit que les parties s'adressent à un ou à plusieurs arbitres, directement choisis par elles, soit qu'elles s'adressent à la Cour permanente d'arbitrage, que le traité a instituée.

Celle-ci ne siège que lorsqu'elle est saisie d'un litige, et se compose de cinq membres choisis dans une liste générale d'arbitres désignés au nombre de quatre et pour six ans par chaque puissance signataire.

L'accord peut s'établir sur la composition du tribunal.

S'il n'en est pas ainsi, chaque partie nomme deux arbitres et ceux-ci choisissent ensemble un surarbitre. En cas de partage des voix, ce choix est confié à une puissance tierce, désignée de commun accord, et, à défaut de semblable entente, le surarbitre est choisi par deux puissances tierces, respectivement désignées à cet effet.

Ainsi qu'on le voit, c'est là une organisation irréprochable; mais on n'y recourra que quand on le jugera bon; et si l'article 27 du Traité fait un devoir aux puissances de rappeler aux nations en conflit que la Cour permanente leur est ouverte, il n'en résulte pour ces dernières d'obligation d'aucune sorte. La Cour permanente n'est qu'un instrument mis au service d'États qui sont libres d'en user ou de n'en pas user, selon leurs convenances.

Telle est, Messieurs, dans ses grandes lignes, l'œuvre de la troisième Commission de la Conférence de la Haye.

Comme je l'ai dit déjà, elle se traduit, selon moi, par des résultats fort appréciables; mais vous avez compris déjà que, pas plus que notre Bureau, je ne suis d'avis qu'il y a lieu de nous déclarer complètement satisfaits.

11.

J'estime au contraire, Messieurs, qu'en plus d'un point nous devons poursuivre une réalisation plus complète du but si noble et si humanitaire que nous nous sommes assigné.

Quelle doit être pour nous, à cet égard, la tâche de demain? C'est ce que, dans cette session, notre Conférence a surtout à examiner.

1ʳᵉ Question. Votre Bureau estime que l'arbitrage devrait être rendu obligatoire, dans les limites de l'indépendance des Etats.

La formule de ce vœu est peut-être un peu vague. Comme toute Convention, une stipulation d'arbitrage lie ceux qui l'ont consentie, et il en résulte une restriction — restriction volontaire — à l'indépendance antérieure.

D'autre part, estime-t-on qu'il soit désirable qu'il y ait obligation d'arbitrage en toute matière, même quand il s'agit de l'autonomie politique, de l'honneur national ou de ce qu'on a appelé des intérêts vitaux?

Il y a là matière à de sérieuses et utiles discussions.

Pour ce qui me concerne, je suis partisan de l'obligation, mais seulement dans certaines limites, au moins en général.

Pour un pays comme le mien, déclaré perpétuellement neutre, non seulement à son propre avantage, mais dans un intérêt européen, il n'y a pas d'inconvénient à ce que l'obligation d'arbitrage soit absolue, puisque la Belgique ne peut guère avoir de différend d'ordre politique. Aussi, dès 1875, notre Chambre des représentants admettait-elle une motion de MM. Thonessin et Couvreur, aux termes de laquelle « chaque fois qu'il peut le faire sans inconvénient, notre Gouvernement doit s'efforcer, en négociant des traités, de faire admettre que les différends qui pourraient surgir, quant à leur exécution, soient soumis à une décision d'arbitres ». Et depuis, cette clause a passé dans vingt traités.

Mais il n'en est pas toujours de même pour les grands pays qui mènent le monde. Là, il faut compter avec la puissance des intérêts, ou avec ces passions qui s'emparent des foules plus encore que des individus, et dont les Gouvernements ne sauraient faire abstraction.

Des stipulations absolues, sans restrictions, seraient fatalement méconnues dans certaines circonstances, et mieux vaut absence d'engagements que des engagements trop fragiles.

Mais, même pour les grandes puissances, il est nombre d'intérêts internationaux d'un ordre moins relevé, quoique de grande importance, à propos desquels il semble que l'arbitrage s'impose.

Toutes les fois que deux nations concluent un traité, elles aliènent une partie de leur liberté. Leurs engagements tiennent lieu de loi internationale, comme le contrat fait loi entre particuliers, et là aussi une entière bonne foi s'impose.

Mais que doit-il advenir si les parties ne sont pas d'accord sur le sens de ce qui a été ainsi convenu, ou si l'une d'elles prétend que l'autre n'exécute pas ses obligations, ou les exécute mal ou incomplètement?

Pour les particuliers, la justice est là qui décide. Mais il n'y a pas de tribunal supérieur aux nations, et elles ne peuvent guère s'adresser à leurs tribunaux réciproques.

Chaque partie s'obstinant dans son sentiment, il ne reste donc d'autre issue qu'un appel à l'arbitrage ou le recours à la force. Et que peut valoir celle-ci, là où il s'agit de ces choses grandes et éternelles : le droit et la détermination du droit? Qui dira que l'on peut être juge en sa propre cause, et que ce jugement peut être confié au canon?

Il est un autre point encore qui mérite notre attention et que je me borne à vous signaler. Si l'arbitrage en général est exclusivement facultatif, rien n'empêche certains États de contracter à cet égard des liens spéciaux plus étroits. Et pourquoi les petits pays n'établiraient-ils pas entre eux l'obligation d'arbitrage dans des limites aussi étendues que possible? Ils concourraient ainsi, mieux que de toute autre façon, à faire entrer la notion de la sainteté du droit et de la paix dans la conscience des peuples. Et puis, le bon exemple lui-même est parfois contagieux.

Je serais heureux de voir la Belgique, les Pays-Bas et la Suisse prendre l'initiative de négociations qui auraient cet objet.

Nombre de puissances ont d'ailleurs souscrit à des stipulations d'arbitrage pour les objets les plus divers, et on trouve, par exemple, l'obligation de la médiation inscrite dans l'acte de Berlin de 1885, relatif au bassin du Congo, auquel tous les grands États ont adhéré.

Les cas où il convient de généraliser l'arbitrage obligatoire semblent avoir été bien déterminés par le projet que la Russie avait soumis à l'examen de la Conférence de la Haye; tout d'abord, on y avait même proposé certaines extensions.

Aujourd'hui encore, ce serait là, je pense, le thème sur lequel la discussion pourrait le plus utilement s'engager.

2ᵉ Question. Le Bureau estime qu'il serait désirable « que l'organisme institué à la Haye se rapprochât davantage d'une Cour permanente d'arbitrage ».

J'ai marqué tout à l'heure en quoi consiste la juridiction nouvelle.

L'un des nôtres, M. le chevalier Descamps, avait saisi la Conférence d'un projet donnant plus de cohésion au tribunal projeté et rentrant, semble-t-il, dans les vues du Bureau.

Nul n'est plus que notre collègue au courant de la question dans tous ses éléments. Vous avez applaudi naguère au magistral mémoire rédigé par lui et adressé aux puissances. Vous savez aussi le rôle important qu'il a joué à la troisième Commission de la Conférence. Je me garderai donc bien d'empiéter sur un domaine qui est surtout le sien, et je lui laisse le soin de traiter l'important problème que le Bureau nous soumet à nouveau.

3ᵉ Question. Le Bureau est d'avis que « tous les États devraient être admis à donner leur adhésion aux décisions de la Haye ».

Ainsi qu'il convenait, les invitations à la Conférence ont été faites par le Département des Affaires étrangères des Pays-Bas, mais évidemment il lui a fallu tenir compte de ce qui avait été arrêté d'avance à ce sujet entre les grandes puissances.

Tous les pays d'Europe étaient représentés à la Haye, y compris la Bulgarie et le Montenegro, et il en était de même des États-Unis, du Mexique, de la Chine, du Japon, du Siam, de la Perse.

Par contre, il n'avait été adressé d'invitation ni au Saint-Siège, qui avait cependant reçu la note et la circulaire du Gouvernement

russe, ni à aucune des Républiques du Centre et du Sud Amérique, comme le Brésil, le Chili, la Confédération Argentine, ni
aux États d'Afrique, notamment aux Républiques d'Orange et du
Transvaal, la complète indépendance de cette dernière étant d'ailleurs méconnue à Londres.

Il n'a été donné aucune explication quant à la raison d'être de
ces invitations et de ces exclusions, et l'on s'en est trouvé réduit à
des conjectures.

Les exclusions avaient leur importance, car le traité de la Haye
est un traité fermé. Il ne lie, au moins en ce qui concerne l'arbitrage, et n'avantage que les puissances qui étaient représentées à
la Conférence, soit qu'elles aient signé le traité immédiatement,
soit qu'elles y accèdent plus tard.

Mais, pour que semblable accession puisse être admise de la
part de nations non représentées à la Haye, il faudrait une nouvelle entente de toutes les puissances contractantes.

J'estime que c'est avec raison que le bureau de l'Union juge
que cela est regrettable. Puisqu'il s'agissait d'une œuvre de paix,
ne devait-il pas être dans les désirs de tous qu'elle s'universalisât
le plus tôt possible?

De là encore, une tâche à laquelle vous serez d'avis qu'il convient que notre Union consacre de nouveaux efforts.

La Conférence de la Haye ne s'est pas bornée à arrêter les trois
conventions relatives au règlement pacifique des conflits internationaux, — aux lois et coutumes de la guerre sur terre, —
à l'adaptation des principes de la Convention de Genève à la guerre

maritime, — et à l'interdiction de certains engins de guerre; — elle a émis, en outre, divers vœux de haute importance et qui semblent comme autant de jalons placés sur les voies de l'avenir.

C'est d'abord ce qui touche ces charges militaires dont la réduction devait former l'objet capital de la Conférence. Faute de mieux, elle a exprimé le vœu « que les Gouvernements, tenant compte des propositions faites dans la Conférence, mettent à l'étude la possibilité d'une entente concernant la limitation des forces armées de terre et de mer et des budgets de la guerre ».

D'autre part, la Conférence a émis le vœu de voir une ou plusieurs conférences prochaines :

1° Reviser la Convention de Genève;

2° Régler les droits et les devoirs des neutres;

3° Étudier les graves questions de l'inviolabilité de la propriété privée dans la guerre sur mer;

4° Et celle du bombardement des ports, villes et villages par une force navale.

Plusieurs de ces questions ont été traitées à la Haye. Moi-même j'ai fait effort pour qu'au moins quelques-unes d'entre elles fussent immédiatement résolues. Mais la Conférence avait hâte de terminer des travaux qui déjà avaient occupé plusieurs mois, et il m'a paru que c'était un succès relatif de voir toutes les puissances reconnaître qu'en droit international il est de graves problèmes qui attendent, ou mieux, qui exigent une solution. C'est peut-être ici surtout, chers Collègues, que notre action à tous peut être utile.

Rappelons sans nous lasser que la Convention de Genève, aujourd'hui étendue aux horreurs de la guerre maritime, comporte de notables améliorations, que le Code des droits et des devoirs des neutres n'existe pas et qu'il convient de l'arrêter, qu'il n'est pas moins inadmissible qu'une ville ouverte soit bombardée par mer que par terre, et qu'il est de l'honneur de notre époque de consacrer enfin le respect de la propriété privée sur mer, lorsqu'il ne s'agit point de contrebande de guerre.

J'entrevois donc, chers Collègues, pour notre Union une longue et féconde période d'activité, et je crois au succès final, parce que ce succès sera mérité. Nous poursuivons une tâche toute d'humanité, de progrès et de désintéressement. Comment, entre toutes, ne serait-elle pas bénie ? (*Applaudissements.*)

M. le comte APPONYI, *président.* La parole est à M. de La Batut, désigné pour présenter le rapport sur la résolution n° 6.

M. DE LA BATUT (*France*), après avoir développé, aux applaudissements de l'Assemblée, les considérations à l'appui de cette résolution, propose à l'assemblée le vote de la motion suivante, qui résume les considérations qu'il vient d'exposer :

L'Union interparlementaire invite ses groupes à user de leur influence, afin que leurs gouvernements concluent le plus possible de traités d'arbitrage, selon l'intention exprimée par l'article 19 de la Convention de la Haye pour le règlement pacifique des conflits internationaux, afin, en outre, que la clause d'arbitrage soit insérée dans les traités spéciaux et que le devoir international imposé aux puissances signataires par l'article 1ᵉʳ de ladite Convention ne soit négligé dans aucun cas.

L'Union engage les groupes à se réunir régulièrement avant la discussion du budget des affaires étrangères dans leur Parlement.

M. Albert DE BERZEVICZY (*Hongrie*) se prononce, en termes éloquents, en faveur des conclusions de M. de La Batut.

M. DE MARCOARTU (*Espagne*) se déclare partisan de l'arbitrage obligatoire; il dépose une proposition ainsi conçue :

La Conférence se félicite d'avoir entendu le rapport de M. Beernaert, éloquente expression de nos aspirations d'aujourd'hui, qui sont le prélude, l'histoire de l'avenir; elle approuve les hauts sentiments de justice et partage les vœux humanitaires de M. Beernaert; et, poursuivant ses conclusions, la Conférence, désireuse de développer l'influence du droit et des intérêts de la paix contre la guerre, est d'avis que le moment est venu d'étudier la possibilité de protéger le droit à la paix et les intérêts pacifiques des nations, au moyen de conventions préventives, répressives et pénales, appliquées par les États pacifiques aux États qui provoquent les guerres.

Ce qui serait la sanction et l'exécution de la justice dans l'internationalisme humain.

M. BARROWS (*États-Unis*) dit qu'aux Etats-Unis l'événement le plus important de l'année a été la ratification par le Sénat de la Convention de la Haye. Il faut y joindre deux cas d'application de l'arbitrage, l'un entre les États-Unis et la Russie, l'autre entre les États-Unis et le Chili. M. Barrows conclut de ces deux exemples qu'il n'est pas une seule difficulté entre nations civilisées qui ne puisse être résolue par la voie de l'arbitrage.

M. HÉROLD (*Bohême*) exprime des vœux en faveur de l'indépen-

dance et de la fraternité des nations grandes et petites. (*Applaudissements.*)

M. Lorand (*Belgique*). Personne plus que moi, Messieurs, n'a
eu d'admiration pour l'Angleterre au temps où elle donnait au monde
l'exemple de la liberté sous le gouvernement de M. Gladstone. Mais
je ne saurais trop m'élever contre le chauvinisme exalté qui, dans
ces derniers temps, a entraîné une grande nation, autrefois généreuse, à faire à des faibles une des guerres les plus injustes, les
plus iniques qui aient jamais été entreprises, et qui révolte aujour-
d'hui la conscience de tous les peuples civilisés. (*Applaudissements
sur un certain nombre de bancs.*)

M. le comte Apponyi, *président*. Je ferai remarquer à l'orateur
qu'il se place sur un terrain très dangereux et qu'il risque de blesser
quelques-uns des membres de la Conférence. Je le prie de se ren-
fermer dans le sujet en discussion, qui traite des conséquences de
la Conférence de la Haye au point de vue des conflits entre nations
en général.

M. Lorand. Je m'incline devant les observations de M. le Président. Il me sera cependant permis de faire remarquer qu'à mon
avis, l'Union interparlementaire n'a pas fait tout ce qu'elle aurait
dû et pu faire. Elle devait peser, de tout le pouvoir que lui donnait
la Conférence de la Haye, auprès des puissances pour assurer aux
Républiques sud-africaines l'arbitrage qu'elles ont toujours réclamé.
J'estime que ce doit être le rôle d'un congrès d'arbitrage de

savoir, à l'occasion, faire sentir aux vainqueurs qu'ils n'ont pas le bon droit de leur côté.

M. le comte APPONYI. Je rappelle encore à l'orateur que le langage qu'il tient pourrait être pénible pour certains de nos collègues. Je craindrais, s'il devait continuer à développer ses appréciations sur la guerre du Transvaal, qu'il expose la Conférence à voir, à notre très grand regret, nos honorables collègues de la Grande-Bretagne sortir de la séance. J'invite donc M. Lorand à bien vouloir se servir de termes plus mesurés.

M. LORAND. Les paroles que j'ai prononcées ne s'adressent évidemment pas à nos collègues de la Grande-Bretagne qui sont aujourd'hui dans cette enceinte; nous savons, en effet, qu'ils ont fait les plus grands efforts pour éviter un conflit sanglant, qu'ils ont adjuré leur gouvernement d'accepter l'arbitrage. Je proclame volontiers que nos collègues ont fait là acte de courage et de loyauté; je tiens à leur rendre ici un public hommage. (*Applaudissements prolongés sur tous les bancs.*)

J'ai l'honneur de déposer sur le bureau de la Conférence un projet de résolution ainsi conçu :

La Xe Conférence de l'Union interparlementaire pour l'arbitrage, réunie à Paris, prenant acte des résolutions de la Haye, adresse l'expression de sa reconnaissance à tous ceux qui ont contribué à ces résultats;

A le ferme espoir que les puissances ne négligeront plus, à l'avenir, de se servir des moyens mis à leur disposition pour tenter l'apaisement des conflits internationaux,

Et regrette qu'elles ne l'aient pas fait dans le conflit actuel entre l'Angleterre et les Républiques sud-africaines; appelle l'attention des divers groupes dont elle se compose, sur le devoir qui leur incombe de rappeler à leurs gouvernements respectifs les obligations que les puissances ont contractées, en donnant leur adhésion aux résolutions de la Conférence de la Haye.

M. le comte APPONYI, *président.* Sous cette forme, je ne crois pas devoir empêcher la discussion de cette motion.

M. BEERNAERT. Je ferai seulement remarquer que le projet de résolution de M. Lorand contient une erreur de fait. Les décisions de la Conférence de la Haye n'étaient pas applicables au conflit dont il s'agit. En effet, le traité de la Haye est un traité fermé, dans lequel les Républiques sud-africaines n'ont pas été parties contractantes. Je propose donc de substituer aux mots :

« Et regrette qu'elles ne *l'aient pas fait* dans le conflit actuel », la phrase suivante :

« Et regrette qu'elles ne l'aient pu faire dans le conflit actuel. » (*Assentiment.*)

M. STANHOPE (*Grande-Bretagne*). Je remercie M. le Président de son intervention et M. Lorand de l'hommage qu'il a rendu aux efforts du groupe parlementaire anglais pour faire accepter l'arbitrage par notre Gouvernement. Ces efforts ont été considérables. Mais, hélas! ils ont été infructueux. J'espère que la discussion restera dans des termes généraux et qu'il n'y sera rien dit d'offensant pour la nation anglaise, rien qui oblige les membres anglais à s'absenter, même pour un instant, de la séance. (*Vifs applaudissements.*) Je reconnais que la motion de M. Lorand, telle qu'elle a été amendée par M. Beernaert, ne donne lieu à aucune objection au point de vue réglementaire.

Toutefois, mes collègues et moi — et vous comprendrez dans quel sentiment — nous nous abstiendrons lors du vote de cette motion.

Les rapports de MM. Beernaert et de La Balut sont adoptés à l'unanimité.

La motion de M. Lorand, modifiée par M. Beernaert ainsi qu'il suit :

. . . .

« et regrette *qu'elles ne l'aient pu faire* dans le conflit actuel entre l'Angleterre et les Républiques sud-africaines »

. . . .

est adoptée à l'unanimité des votants.

MM. les Membres du Parlement anglais n'ont pas pris part à ce dernier vote.

M. LE PRÉSIDENT. Je mets aux voix le projet de résolution de M. le baron d'Estournelles de Constant, dont je rappelle le texte :

La Conférence émet le vœu que l'intervention armée des puissances pour la juste répression des massacres qui ensanglantent la Chine, n'aboutisse pas à des conquêtes nouvelles pouvant entraîner la guerre universelle, ni à des entreprises funestes pour l'avenir économique, social et politique des États européens, mais qu'elle soit, au contraire, le commencement d'une union organisée et durable entre ces États.

Ce projet de résolution est mis aux voix et est adopté à l'unanimité sans discussion.

La séance est levée à 11 h. 55 et renvoyée au lendemain, vendredi 3 août, à 10 heures du matin.

QUATRIÈME SÉANCE.

SÉANCE DU VENDREDI 3 AOÛT 1900.

La séance est ouverte à 10 heures du matin, sous la présidence de M. Beernaert.

M. BEERNAERT, *président.* La parole est à M. Gobat pour présenter son rapport sur les travaux du bureau interparlementaire, du conseil et des groupes nationaux depuis la Conférence de Christiania.

M. GOBAT (*Suisse*). Messieurs, j'ai à rendre compte, en ma qualité d'administrateur du bureau interparlementaire, des faits et gestes de notre Union pour la période qui s'est écoulée depuis la conférence de Christiania.

Au moment où nous siégions dans la capitale de la Norvège, la Conférence diplomatique de la Haye terminait ses travaux et la presse nous apportait l'écho de ses importantes résolutions. Le premier soin du bureau fut de recueillir ces décisions et de les faire imprimer avant même que la publication officielle eût été effectuée. Je m'empressai d'en expédier un certain nombre d'exemplaires à chaque groupe.

Le 20 septembre 1899, tous les membres du Conseil interparlementaire nommés à Christiania furent avisés officiellement de

leur élection et invités à faire étudier par leurs groupes les modi-
fications et compléments qui pourraient être apportés aux résolutions prises par la Conférence de la Haye, à l'effet d'assurer le
mieux possible l'application de l'arbitrage international. Les groupes
devaient nous adresser leurs propositions jusqu'au 10 avril 1900.
Ils reçurent, en même temps que la circulaire, le texte des résolutions de la Conférence de Christiania, qui leur donnait les renseignements nécessaires au sujet du travail auquel ils avaient à se
livrer.

Puis le bureau, de concert avec le Comité norvégien, procéda
à la rédaction du compte rendu de la IXe Conférence interparlementaire. Les matériaux envoyés de Christiania à Berne furent
soigneusement revus. Le compte rendu, formant un volume substantiel, fut tiré à 800 exemplaires et adressé à tous les groupes
au commencement de mars. Nous avons jugé à propos d'y adjoindre
comme annexe les conventions arrêtées par la Conférence de la
Haye, ainsi que l'important discours tenu par M. Bjoernson au
banquet offert à Christiania aux membres étrangers de la Conférence interparlementaire.

Notre assemblée générale de 1899 avait chargé le Conseil
interparlementaire de préparer un projet de code international
fixant les droits et les devoirs des États. Nous crûmes devoir tout
d'abord nous adresser à quelques spécialistes pour leur demander
conseil. Leurs réponses ne firent que constater ce que chacun sait,
à savoir, que c'est une matière très difficile. Nous aurions aimé
obtenir d'eux quelques indications générales qui eussent pu servir
de base pour élaborer un programme. Car il va de soi qu'il s'agit

avant tout de fixer les matières du droit international, dont notre Union pourrait faire l'objet de ses études.

Le bureau s'est occupé de l'organisation de la Conférence de Paris avec le Comité français. Il a été, notamment, l'intermédiaire pour la délivrance des permis de circulation sur les chemins de fer, ce qui le chargea d'une besogne d'autant plus grande, que les Compagnies n'avaient pu se concerter pour émettre un permis unique valable sur toutes leurs lignes.

Nous ne parlons que pour mémoire de la volumineuse correspondance que le bureau a entretenue avec les différents groupes et avec les nombreux particuliers qui lui demandent souvent des renseignements. La guerre anglo-sud-africaine nous a valu plusieurs lettres, par lesquelles on invitait le bureau à faire quelques démonstrations dans l'intérêt d'une solution amiable du différend. Comme l'organe administratif de l'Union interparlementaire ne peut, dans des cas de ce genre, engager une action qu'à la requête d'une des parties en conflit, le bureau dut s'abstenir.

Le bureau international de la paix, qui, avec le concours de nombreuses sociétés et de particuliers dévoués à la cause de l'humanité, organisait une exposition à Paris, dans le palais des sciences sociales et politiques, nous ayant offert une place, nous avons déposé dans sa salle les publications de l'Union interparlementaire et affiché un grand tableau portant les principales indications qui concernent notre institution.

Le Conseil interparlementaire a tenu deux séances. La première eut lieu à Bruxelles, le 19 avril 1900; treize membres y assistaient. Il s'agissait de prendre connaissance des rapports et propositions

qui pouvaient avoir été faites par les groupes au sujet des résolutions de la Conférence de la Haye, conformément à la décision
prise à Christiania. Il n'en était arrivé aucune ayant trait directement à cet objet. Comment expliquer l'inaction dans laquelle nos
groupes avaient persévéré? Le découragement s'était emparé des
parlementaires les mieux disposés. La guerre anglo-sud-africaine,
déplorable épilogue de la Conférence de la Haye, donnant un démenti
retentissant au grand homme d'État qui déclara un jour solennellement, devant la Chambre des communes d'Angleterre, que jamais la
Grande-Bretagne ne s'engagerait dans une guerre sans avoir épuisé
tous les moyens d'arrangement amiable, le zèle de nos membres
pour l'arbitrage international subit une atteinte qui, nous l'espérons, ne sera pas irréparable. Quelques groupes avaient pris soin
de prévenir d'avance le bureau que, pour le moment, l'arbitrage
serait écarté de leurs délibérations.

Cependant votre Conseil ne pouvait se résoudre à éliminer de
l'ordre du jour de notre dixième assemblée générale la grande
question qui, depuis si longtemps, fait l'objet de nos efforts. Il
arrêta en conséquence, au sujet des résultats de la Conférence de
la Haye, les résolutions dont vous vous êtes occupés au début
de notre session actuelle.

Le groupe hongrois était de ceux qui désiraient ajourner nos
travaux ultérieurs dans le domaine de l'arbitrage. Mais, grâce à
l'initiative de M. le comte Apponyi, il avait préparé une nouvelle
action. C'est de ce groupe qu'émane l'idée de l'union de la presse,
dont l'importance ne vous a pas échappé. Le Conseil interparlementaire rédigea à ce sujet les résolutions qui vous ont été sou-

mises. Le but visé par l'initiative du groupe hongrois est digne de tous nos efforts. L'action que nous avons actuellement à organiser, de concert avec la grande puissance qu'est la presse, peut aussi bien assurer la paix générale que l'arbitrage, si difficile à appliquer, si difficile surtout à faire adopter comme procédure obligatoire.

Votre Conseil s'occupa encore, à Bruxelles, de la question de neutralité, qui se trouve depuis plusieurs années à l'ordre du jour de notre association. Sur l'avis de M. le chevalier Descamps, notre collègue de Belgique, il fut décidé que l'étude des droits des États non belligérants en temps de guerre, le *pacigérat*, serait substituée, comme équivalente et plus pratique, à celle de la neutralité.

La seconde session du Conseil interparlementaire eut lieu à Paris, la veille de notre assemblée générale actuelle; vingt-deux membres étaient présents. Nous y avons arrêté définitivement les résolutions, l'ordre du jour et la procédure de la Xᵉ Conférence.

Il me reste à vous renseigner au sujet de l'activité de nos groupes.

M. le chevalier de Gniévosz, notre collègue autrichien, et plusieurs de ses collègues ont interpellé le Président du Conseil des ministres, pour l'engager à présenter au Parlement les conventions arrêtées à la Conférence de la Haye.

Le groupe italien s'est organisé à nouveau. Il a adopté des statuts qui pourront lui donner une grande consistance et qui favoriseront son action. Il a, en outre, désigné ses deux représentants au sein du Conseil interparlementaire dans la personne de MM. le sénateur Pierantoni et le député Ferraris.

Le groupe norvégien a présenté au Storthing un compte rendu substantiel de la Conférence de Christiania; ce document a été annexé aux actes officiels du Parlement.

Le groupe portugais a également remis aux Cortès un volumineux compte rendu, rédigé par M. de Paiva, des faits et gestes de notre union. Par les soins de notre collègue, le Parlement portugais a été constamment tenu au courant des communications du bureau interparlementaire et de tout ce qui s'est fait pour maintenir la paix dans le monde. Le groupe n'a pas manqué d'user de son influence afin que les résolutions de la Conférence de la Haye fussent ratifiées par les Cortès. Le Ministre de l'intérieur présenta à ce corps un projet de loi précédé d'un rapport très intéressant, qui fut publié et accueilli favorablement aussi bien par le pays que par le Parlement. Celui-ci a bien accueilli également un projet de loi sur l'arbitrage permanent qui lui a été envoyé par nos collègues. Il est saisi encore d'un projet de loi tendant à la création d'une chaire de droit international pratique à l'université de Coïmbra. Les deux Chambres ont constitué les groupes qui doivent faire partie de l'Union interparlementaire, et un grand nombre d'autres pairs et députés se sont spontanément présentés pour être adjoints.

C'est le Parlement également qui a nommé les délégués officiels des deux Chambres à la Conférence de Paris. Toutes ces opérations ont été publiées dans le *Diaro do Governo* (le *Moniteur d'État*). Comme en Norvège, l'institution interparlementaire est reconnue officiellement à Lisbonne.

En Suède, le Parlement a été saisi, par les soins du groupe, d'un rapport sur la Conférence de Christiania et sur l'organisation de l'Union.

Les sceptiques, qui exercent avec empressement une facile satire à l'égard de ceux qui travaillent pour la justice internationale, ont souvent prétendu que les amis de la paix ne seraient pas les derniers à s'emballer si, dans leurs pays, le gouvernement et l'opinion publique se laissaient emporter par la folie martiale. Il était intéressant de vérifier la valeur de cette allégation, au moment où l'immense Grande-Bretagne s'apprêtait à attaquer le minuscule Transvaal. Le groupe anglais de l'Union interparlementaire a-t-il suivi le courant qui a abouti à déchaîner la plus déplorable des guerres?

Les membres et les anciens membres du Parlement britannique appartenant à l'Union interparlementaire se réunirent le 4 octobre 1899, dans la bibliothèque de la Chambre des communes, pour s'occuper de la crise qui devenait toujours plus menaçante, et arrêtèrent le manifeste suivant :

Les membres. . . ont examiné la situation critique créée par la question transvaalienne, qui rend imminente la guerre entre la Grande-Bretagne et la population hollandaise de l'Afrique du Sud. Ils rappellent, avec une légitime satisfaction, le rôle important que leur pays a joué en vue de l'avancement de l'arbitrage international, notamment à l'occasion des litiges de l'Alabama et du Vénézuéla, et tout récemment à la Conférence de la Haye, où les délégués anglais ont appuyé de toutes leurs forces les résolutions prises par cette assemblée.

La Convention internationale arrêtée à la Conférence de la Haye n'est pas encore ratifiée, il est vrai. Mais on ne peut admettre que le Gouvernement de la Reine, au moment où il se prépare à donner à cet acte une sanction solennelle, puisse ignorer complètement son but pacifique et humanitaire ou s'en départir.

Si, d'une part, le Gouvernement du Transvaal, vu la Convention de 1884, n'a pas le droit d'invoquer les règles arrêtées par la Conférence de la Haye, on ne peut méconnaître, d'autre part, que les grands principes qui les ont inspirées ne sont pas atteints par cette objection et qu'il serait facile d'instituer une autorité suffisamment qualifiée, à laquelle le conflit existant avec le Transvaal pourrait être déféré en toute sûreté, sans préjudice pour l'honneur national et sous des conditions clairement exprimées.

Il est très regrettable que les propositions de médiation, suggérées par des membres autorisés du parti des Afrikanders du Cap, n'aient pas été accueillies favorablement par le haut commissaire.

Cependant, quelque décourageante que soit cette circonstance, les membres du groupe interparlementaire ne peuvent absolument pas admettre que la guerre soit la seule alternative. Ils ont la profonde conviction que si le Gouvernement, dans l'intérêt suprême de la paix, voulait bien faire une proposition d'arrangement amiable ou déléguer un envoyé spécial muni de pleins pouvoirs (un diplomate éprouvé tel que lord Pauncefote, par exemple, qui a si bien représenté les nobles traditions de notre pays à la Conférence de la Haye), les difficultés qui semblent insurmontables aujourd'hui s'aplaniraient, et qu'au moyen d'un arrangement précis et durable, les droits de la Grande-Bretagne, y compris toutes concessions équitables, comme aussi particulièrement la franchise des cinq années au profit des Uitlanders, pourraient être définitivement et justement assurés.

On a dit, avec beaucoup de raison, que la force n'est pas un remède. Elle n'en serait certainement pas un dans le cas présent. Car, quelque grands que puissent être nos succès militaires, ils laisseraient, comme l'a dit le Secrétaire pour les Colonies, dans l'Afrique du Sud des traces que le temps ne pourrait effacer.

L'issue d'une campagne ne peut être douteux, quoique l'on doive s'attendre à ce que celle-ci soit longue et cruelle. Les Républiques Sud-Africaines, en mettant leur existence en jeu pour une cause qu'ils considèrent, à tort peut-être, comme vitale pour leur indépendance, ne peuvent se faire aucune illusion. Ce sont des États petits et faibles en comparaison des forces énormes de l'Empire britannique.

Dans ces circonstances, il appartient assurément à la Grande-Bretagne, consciente de sa puissance, de se montrer magnanime et de prouver qu'aucun sentiment de fierté ne peut l'empêcher d'être la première à proposer un moyen d'arrangement amiable propre à détourner les horreurs de la guerre et à garantir avec honneur les bienfaits de la paix.

Cet important manifeste, qui a été communiqué à tous nos groupes par les soins du bureau interparlementaire, fut bientôt suivi d'une proclamation au peuple anglais, émanant du Conseil de la Ligue internationale pour l'arbitrage, dans lequel se trouvent plusieurs membres de notre union. Les groupes ont également reçu ce document.

Là ne se bornèrent pas les efforts de nos collègues anglais.

L'honorable M. Stanhope présenta, avec un grand nombre de députés, à la Chambre des communes, une motion en faveur de l'arrangement amiable du différend. Il défendit vaillamment, devant cette assemblée, la cause de la justice.

Enfin notre collègue, le docteur Clark, convoqua un meeting à Trafalgar-Square à Londres, pour organiser une importante manifestation en faveur de la paix. Il fut la victime de son audace. Assailli par la foule en démence, il faillit perdre la vie dans sa généreuse entreprise.

Assurément, nos collègues anglais ont fait toutes les tentatives d'apaisement que l'on pouvait attendre d'eux, dans des circonstances où la plus timide protestation contre la guerre était déjà un acte de courage. (*Applaudissements.*)

J'ai terminé, Messieurs, le rapport que j'avais à vous présenter,

afin de vous tenir au courant des efforts du bureau interparlementaire, du Conseil et des différents groupes qui ont bien voulu,
dans l'intervalle des IXe et Xe Conférences, travailler à l'avancement du but de notre Union. (*Applaudissements.*)

M. John Lund (*Norvège*), président du Lagthing, se fait l'interprète de ses collègues du groupe norvégien en adressant au Gouvernement et aux membres du groupe français l'assurance de leur
vive et profonde gratitude pour l'accueil fraternel qu'ils ont reçu
en France.

Ils conserveront toujours la mémoire de la courtoise hospitalité
qui leur a été offerte à Paris.

L'orateur rappelle le succès de la dernière Conférence qu'il a eu
l'honneur de présider à Christiania. Le nombre des adhérents du
Parlement norvégien a toujours été croissant.

Il exprime sa sincère admiration pour l'inoubliable fête du travail et de la civilisation dont la France donne le spectacle à l'Europe, conviée à cette grandiose manifestation du progrès, des arts
et de l'industrie.

L'orateur termine son discours par le cri de « Vive la France! »
suivi des acclamations unanimes des assistants.

M. le baron Pirquet (*Autriche*). Messieurs, votre Secrétaire général, M. Gobat, nous a rendu compte aujourd'hui de tout ce qui
s'est passé dans l'Union depuis la Conférence de Christiania. Nous
savons apprécier le grand travail que lui cause chaque année la
charge qu'il occupe depuis neuf ans. Nous savons apprécier le mérite qu'il a à défendre notre cause et à accomplir toujours cette

lourde et pénible tâche avec plaisir et bonne humeur. Vous me permettrez donc, Messieurs, de le remercier au nom de nous tous pour son dévouement et son assiduité. (*Applaudissements.*)

J'ai encore à ajouter d'autres remerciements pour son aimable secrétaire, qui, d'une écriture ferme et correcte, l'aide dans ses travaux. C'est sa charmante et diligente fille, Mlle Marguerite Gobat. (*Applaudissements.*)

M. Gobat et moi, nous sommes amis depuis plus de dix ans; mais qu'il me permette de lui faire une observation concernant son rapport : M. Gobat a été, je pense, en parlant de tous les groupes de notre Union, un peu trop sévère (*Rires*); il a accusé les groupes de n'avoir rien fait, de ne pas avoir répondu à ses questions concernant le traité conclu à la Haye. Comme président du Groupe autrichien, je suis forcé de défendre mon groupe. J'ai convoqué ce groupe; plusieurs membres avaient étudié sérieusement le traité de la Haye; tous furent d'accord pour dire qu'il fallait accepter l'œuvre de la Haye en bloc, que ce serait inutile et presque un manque de tact de vouloir critiquer certains passages et articles, vu qu'il était impossible de les changer de nos jours; et je crois me rappeler que j'ai donné connaissance de cette résolution à M. Gobat.

Messieurs, permettez-moi de vous adresser encore quelques paroles au nom du Groupe autrichien. Nous remercions de tout cœur le Groupe français de nous avoir invité à siéger dans ce vénérable palais du Luxembourg, dans la salle du Sénat français.

La France est toujours une des premières à s'intéresser à chaque projet en faveur des beaux-arts, de la science et de la civilisation.

14.

Il en est de même pour les travaux de l'Union interparlementaire. Un mérite de la France est aussi d'être la patrie de M. Frédéric Passy. (*Applaudissements.*) C'est à deux députés, l'un M. Cremer, député anglais, l'autre M. Passy, député français, que nous devons la satisfaction d'être assemblés dans cette salle. Ce sont ces deux hommes qui ont pris l'initiative de créer l'Union interparlementaire. Nous les en remercions de tout cœur. Je félicite surtout M. Passy qui, après une maladie de plusieurs années, a pu revenir assister à notre Conférence. Son discours d'avant-hier nous prouve que son talent n'en a pas souffert et qu'il est resté un brillant orateur. (*Applaudissements.*)

Messieurs, si nous poursuivons tous un des buts les plus élevés, l'Union aura, pour réussir, à combattre encore beaucoup de doutes et de préjugés.

La grande Révolution française, il y a plus d'un siècle, a exprimé son fier programme par les trois mots : Liberté, Égalité, Fraternité. Tous les gouvernements d'Europe, le gouvernement de la France comme les autres, s'élevèrent contre ce programme, croyant qu'il serait impossible de gouverner et de prospérer en appliquant de pareils principes. Eh bien! que devons-nous constater aujourd'hui après ces cent années? Que ce programme a été accepté par tous les États qui sont représentés dans l'Union interparlementaire.

La Liberté a été introduite partout; il n'existe plus d'esclavage, l'Amérique du Nord a fait la guerre pour le détruire; les charges, les servitudes qui se trouvaient établies dans tant de pays, par exemple les corvées des paysans pour leurs seigneurs, sont abolies.

L'Égalité est acquise; les lois des États représentés dans notre Union ne reconnaissent aucune différence entre les croyants des diverses religions, entre les membres des diverses nationalités; tous les anciens privilèges de l'aristocratie sont abolis.

Quant à la Fraternité, nous-mêmes, assemblés ici dans la salle du Sénat français, en fournissons la preuve palpable. Quoique nous ne parlions pas la même langue, nous avons été reçus comme des collègues, comme des frères; nous avons voyagé et nous sommes arrivés ici sans porter ni un passeport, ni une arme dans la poche. Nous nous sommes tous réunis en amis, pour faire progresser une grande idée.

Quand je pense que si, il y a trente-six ans, alors que je me trouvais à Paris comme secrétaire de l'ambassade d'Autriche, quelqu'un m'avait dit : « Vous aurez un jour l'occasion de monter à la tribune du Sénat et d'y tenir un discours non seulement aux sénateurs français, mais aussi aux députés de presque tous les Parlements du monde », j'aurais sans doute répondu qu'il était impossible que telle chose pût jamais arriver. Et, en ce moment, je me sens ému de me trouver à cette tribune et d'oser y prendre la parole. Je considère cela comme un grand honneur pour moi, et je compte ce jour au nombre des plus beaux de ma vie; je crois, Messieurs, que vous partagez mes sentiments. (*Applaudissements.*)

Bien que la Russie n'ait pas de Parlement, nous savons tous qu'elle tient à nos principes. Nous devons à l'initiative solennelle de S. M. l'Empereur de Russie la réunion d'une Conférence diplomatique de la paix. La Conférence a eu lieu à la Haye, elle a obtenu un véritable succès, elle a créé une grande œuvre pour l'avenir des nations.

Mais cette œuvre n'est pas encore achevée. L'Union a la mission de continuer ses travaux, de continuer aussi la propagande pour la médiation et l'arbitrage, et de compléter les mesures prises à la Haye, en adoptant, par exemple, les propositions que M. Beernaert nous a présentées dans la dernière séance.

Messieurs, s'il a fallu un siècle pour faire adopter les principes de la liberté, de l'égalité, de la fraternité, je crois qu'il faudra aussi de nombreuses années pour accomplir la tâche que nous avons assumée, la grande tâche d'introduire la « Légalité » dans les rapports des nations, comme M. le Ministre de la justice, M. Monis, l'a si bien expliqué dans son excellent discours. Si tout homme, dans les pays que nous représentons, est à même de trouver un tribunal et un juge, il faut qu'un droit analogue soit fondé par des lois dans les rapports des peuples. Pour en arriver là, pour éviter les doutes et les préjugés, — permettez-moi cette expression, — nous prions la France de venir à notre secours pour nous aider à introduire la Légalité dans le xxe siècle, comme elle a eu la gloire de nous apporter la Liberté, l'Égalité et la Fraternité dans le xixe siècle. (*Applaudissements prolongés.*)

J'ai déjà dit souvent, et je le répète aujourd'hui : Ce que nous faisons, nous ne le faisons pas pour nous, mais pour nos fils et nos petits-fils.

Je termine : Je déclare, au nom du Groupe autrichien, que nous remercions l'Empereur de Russie de l'œuvre qu'il a créée à la Haye; que nous remercions aussi tous ceux qui ont aidé à amener ce

beau résultat et que nous sommes prêts à continuer à travailler
pour l'arbitrage et la paix.

Je me permets de vous dire que l'aurai l'honneur de vous proposer, au nom du Groupe autrichien, lorsque viendra en discussion
ce point de notre ordre du jour : de vouloir bien tenir la prochaine Conférence interparlementaire en 1902 dans la ville de
Vienne, la capitale de l'Autriche. (*Applaudissements prolongés.*)

M. le comte Apponyi (*Hongrie*) remercie la France de son hospitalité. Il signale l'extension considérable qu'ont prises en Hongrie
les idées d'arbitrage et de paix, grâce au concours désintéressé et
ardent de tous les parlementaires.

Le groupe hongrois, très nombreux, comprend dans son sein
les hommes politiques les plus émiments, unis dans la même
pensée. M. le comte Apponyi signale la forte organisation de ce
groupe, qui, dans de nombreuses réunions, a examiné toutes les
questions se rapportant à l'arbitrage et aux moyens de le rendre
pratique.

En terminant, M. le comte Apponyi fait un parallèle du caractère
hongrois et du caractère français, chevaleresques tous deux, tous
deux généreux et entreprenants, tous deux chérissant la justice
et le droit. Touchante communauté de sentiments qui fait de la
France et de la Hongrie comme deux nations sœurs. (*Vifs applaudissements.*)

M. le Dr Hirsch (*Allemagne*) dit qu'il est heureux de rendre,
lui aussi, un hommage éclatant à la France, au nom des amis

de la paix qui, en Allemagne, deviennent de plus en plus nombreux.

Il y a onze ans, l'Allemagne ne prit pas part aux travaux de la première Conférence qui se réunit à Paris. Depuis lors, le groupe parlementaire allemand compte une centaine de membres. Et quoique nouveaux venus dans le concert de la paix, ils y apportent un zèle et un dévouement qui rachète leur adhésion tardive. Tous s'appliquent à faire prévaloir la doctrine défendue dans l'œuvre immortelle de Kant.

L'orateur demande qu'à côté de la cour arbitrale instituée par la Conférence de la Haye, il existe une sorte d'académie juridique qui facilitera, par l'application du droit international, l'œuvre pacifique de cette cour.

Il admet que la discussion de sa motion soit différée, puisque le programme des travaux de la session est épuisé; mais il a l'espoir qu'au prochain congrès cette question sera largement étudiée et tranchée.

M. HIRSCH reconnaît, en terminant, que les amis de la paix pourraient se sentir découragés au spectacle que donne, depuis quelques années, l'Univers, après les séduisantes promesses d'avenir qu'avait fait naître la Conférence de la Haye. De toutes parts on ne perçoit que le bruit des armes. En Afrique, en Asie, le canon tonne. N'importe, il faut triompher de ce découragement et avoir foi dans l'avenir. La civilisation ne marche pas d'un pas rapide. Mais, comme elle porte en elle la vérité et la justice, rien ne peut arrêter, pour jamais, sa marche féconde. (*Vifs applaudissements.*)

M. DE PAÏVA (*Portugal*) :

> Nous avons des raisons d'espérer et de croire
> qu'un jour viendra où le monde ne connaîtra que
> les rivalités fécondes de la paix et les luttes glorieuses
> du travail.
>
> (M. MILLERAND, à l'ouverture de l'Exposition.)

Chacun des illustres membres du Groupe portugais, qui sont présents, pourrait répondre aux éloges que M. Gobat, dans son rapport, vient de faire à mon pays, et chacun d'eux l'aurait fait, certainement, mieux que moi.

Mais je suis le plus âgé de ces membres. A cette circonstance et, peut-être, à leur bienveillance envers moi, je dois l'honneur qu'ils me font de me confier le soin de lui répondre.

Je commence par m'acquitter d'un devoir, celui de rendre justice à M. Gobat. En sa qualité de très digne secrétaire général, il a été le principal soutien de l'Union interparlementaire, la pierre angulaire de l'édifice fondé par MM. Cremer et Passy.

On n'ignore pas qu'il est très utile, à toute corporation, d'avoir un très bon secrétaire; et cela est d'autant plus nécessaire à notre Union, qu'elle embrasse déjà tous les pays civilisés.

Mais il faut avouer aussi que le rôle de secrétaire général est une charge bien lourde, qui lasse la patience même des plus dévoués : et cependant M. Gobat a rempli les fonctions de secrétaire général depuis 1892 jusqu'à présent, sans montrer jamais de l'ennui, sans manifester jamais de la fatigue; tout au contraire, il est toujours prêt à écouter les membres des différents groupes, à leur fournir tous les renseignements dont ils ont besoin et à faire son devoir avec un dévouement sans bornes pour notre cause.

Il mérite donc l'expression de notre respect le plus profond et de notre reconnaissance la plus sincère. (*Très bien! Applaudissements.*)

Il vous a présenté le rapport annuel, et pour cela il vous a parlé des différents groupes. Ce qu'il vous a dit du Groupe portugais suffit à vous convaincre que mon pays n'est pas indifférent à notre idéal; et, en exécution de l'article 3 de nos statuts, je devrais vous présenter maintenant le compte rendu des événements intéressant notre cause qui se sont produits chez nous pendant le courant de l'année dernière.

Mais, pour mettre d'accord mon devoir et le désir que j'ai de ne pas vous fatiguer, je ferai distribuer à tous les membres de l'assemblée ce compte rendu, et je me bornerai à présent à vous faire mention de deux points : le premier concerne le Parlement; le deuxième, le public.

Pour ce qui concerne le premier point, je vous dirai que le Parlement portugais attache beaucoup d'importance aux travaux de l'Union interparlementaire.

Les deux Chambres, elles-mêmes, ont nommé les deux commissions qui ont constitué le groupe.

Tout de suite, un grand nombre de membres du Parlement ont donné au groupe leur adhésion et sont venus se faire inscrire spontanément.

C'est le Parlement qui a fait publier et distribuer à ses membres et insérer dans le *Journal officiel* le rapport annuel que le membre du Conseil lui a présenté, concernant chacune des Conférences.

C'est aussi le Parlement qui a payé la cotisation annuelle pour les frais du bureau permanent de notre Union.

Le Parlement, aussitôt que M. le Ministre des affaires étrangères lui a présenté le projet de loi pour la ratification des conclusions de la Conférence de la Haye, a décidé de passer à sa discussion; la Commission nommée pour donner son avis l'approuve entièrement, et, parmi les illustres membres de cette Commission, on doit faire une mention toute spéciale de l'insigne parlementaire, M. le Dr Franco Frazào, qui a été le rapporteur, de M. le Dr Guimarâes Pedroza, un des professeurs les plus distingués de la Faculté de droit de l'Université de Coïmbra, et M. le Conseiller d'État Dias Costa, un des membres les plus illustres de l'armée, professeur et ancien Ministre de la marine et des colonies.

Enfin c'est encore le Parlement qui, malgré la grande distance, a envoyé à cette Conférence un grand nombre de ses membres les plus illustres, qui constituent le Groupe portugais de l'Union interparlementaire, fermement décidé à travailler pour l'avènement de l'état juridique international.

Certainement, le Parlement portugais partage notre idéal.

Pour ce qui concerne notre propagande dans le public, je vous dirai que, pendant l'année dernière, on a fondé la Ligue portugaise de la paix, et que dans cette société brillent les noms de dames portugaises, dont le talent et le cœur sont un élément bien considérable pour notre cause. On y remarque aussi les noms d'écrivains, d'avocats, de militaires, de magistrats, de professeurs, de membres du Parlement, d'une grande valeur intellectuelle.

Cette ligue a fait une persistante propagande.

Elle s'est présentée à Leurs Majestés le Roi et la Reine, qui lui ont promis leur appui; au Gouvernement, qui lui a témoigné sa sympathie; au Parlement, qui l'a bien accueillie, et au public, dont elle a cherché à s'attacher l'opinion, grâce à la presse quotidienne, qui, chez nous, est toujours prête à nous aider. Cette ligue a distribué avec profusion des manifestes dans tout le pays et patronné de nombreuses conférences publiques, faites par des publicistes et les professeurs les plus connus du Portugal. (*Applaudissements.*)

La Ligue portugaise a trouvé le terrain bien préparé.

L'Union interparlementaire n'existait pas encore, et cependant le Congrès juridique tenu à Lisbonne s'occupait alors, avec un vif intérêt, d'un tribunal international. Les livres publiés chez nous sur le problème de la paix témoignent que mes compatriotes portent leur attention sur ce sujet; je ne vous citerai pas seulement le livre de l'étudiant M. Archer de Lucia : *Humanité, vérité, justice, pour la paix;* celui de l'avocat M. Jose de Castor : *Pour l'arbitrage international et pour la paix;* celui du publiciste M. Mazalhaès Lima : *Le livre de la paix;* celui de l'ancien professeur de droit de l'Université de Coïmbra, M. le comte de Valenças : *Arbitrage international;* je dois cependant vous signaler spécialement encore un livre précieux : *La femme et la paix, appel aux mères portugaises,* par Mlle Alice Pestaux (Caïël), présidente de la Ligue portugaise, laquelle, à mon avis, mérite d'être appelée la *Suttner portugaise,* pour son profond dévouement pour notre cause et pour son admirable talent.

Voilà les deux points que je me suis proposé de vous indiquer.

Je les terminerai en vous assurant que mes compatriotes ont appris à considérer avec une respectueuse attention nos conférences et à entourer de la vénération la plus sincère non seulement les noms vénérables des fondateurs de notre Union, — MM. Cremer et Passy, — dont la présence dans cette assemblée est pour nous un exemple salutaire, mais encore les noms de nos illustres apôtres, tels que MM. Gobat, Descamps et tant d'autres, dont les croyances et le zèle inspirent de l'enthousiasme à tous ceux qui aiment la paix entre les peuples. (*Très bien!*)

Quant à moi, je pense que si tous les membres de la Conférence travaillaient ainsi, les principes de l'arbitrage auraient déjà reçu la consécration générale qu'ils méritent, et le courant de l'opinion serait si fort, que notre cause serait gagnée.

Je me souviens encore des paroles de M. Droz, ministre de Suisse, qui présidait la séance d'ouverture de la IV⁰ Conférence : «C'est à vous, disait-il, qu'il appartient d'aplanir les voies!... Je suis persuadé que le jour où vous serez tombés d'accord sur un projet d'arrangement international soigneusement élaboré, et où, dans quinze ou vingt Parlements à la fois, ce projet sera soumis et recommandé chaleureusement par tous les membres de notre Conférence, ce jour-là, sous l'énorme poussée de l'opinion, qui ne manquerait pas de se produire et de vous appuyer, vous serez bientôt près de toucher à la réalisation de votre but généreux. »

En vérité, Messieurs, elle est grande, très grande, la portée de l'Union interparlementaire pour l'évolution la plus glorieuse de l'humanité, l'évolution du droit international. C'est pour cela que moi, un croyant des plus humbles, mais certainement des plus ardents, je salue de toute mon âme, au nom du groupe portugais, les membres de la Xe Conférence.

Et, en remerciant notre très digne président M. Fallières de son excellent discours de bienvenue, je lui dirai que je salue aussi la France, ce noble pays qui a été le berceau de l'Union interparlementaire; ce noble pays qui nous reçoit à bras ouverts, pour la deuxième fois, faisant voir de la sorte que la France ne brille pas seulement par le travail et par la diffusion de l'instruction qui lui valent des richesses et des progrès de tout ordre, mais encore par la croyance qu'un jour viendra où l'état juridique parmi les nations ne sera pas un mot vain ! (*Applaudissements.*)

En vérité, Messieurs, je pense que ce noble pays, qui prêche la justice, la confraternité des peuples, qui s'est dévoué à ce développement des idées les plus grandes, les plus généreuses, ne pourra jamais cesser de chérir notre idéal, qui fait déjà passer sur les nations un souffle suave et vivifiant de paix et de bonheur !

Voilà pourquoi je salue chaleureusement la France ! (*Vifs applaudissements.*)

M. Houzeau de Lehaie (*Belgique*). Avant de clore cette Conférence, je tiens — et je suis convaincu d'être votre interprète à tous — à adresser nos respectueux hommages à M. Fallières, président du Sénat français, qui, à deux reprises, a bien voulu diriger nos travaux. Vous savez tous quelle haute autorité morale il s'est acquis en France par sa droiture et sa justice. Ce fut un très grand honneur pour nous de l'avoir possédé parmi nous et à notre tête. (*Applaudissements prolongés.*)

Je veux aussi remercier les organisateurs de la Xe Conférence, MM. Émile Labiche, de La Batut et Bertrand, qui par leur cordialité et leur bienveillance nous ont fait retrouver ici une autre patrie. (*Vifs applaudissements.*)

Enfin je tiens à dire notre sympathie à M. Bonet-Maury, le dévoué et complaisant secrétaire général, ainsi qu'à tout le personnel du Sénat français qui s'est montré d'une alerte et cordiale intelligence. (*Applaudissements unanimes.*)

Sur la proposition de M. le baron Pirquet, la Conférence décide que sa prochaine réunion aura lieu à Vienne en 1902.

Quant au Conseil interparlementaire, il aura une session en 1901.

Sont élus membres du Conseil interparlementaire :

Allemagne. — M. le D^r von BAR, député; M. le Dr Max HIRSCH, membre de la Diète de Prusse.

Autriche. — M. le baron von PIRQUET, ancien député; M. le chevalier von GNIEWOSZ, député.

Belgique. — M. BEERNAERT, ancien président de la Chambre des représentants; M. HOUZEAU DE LEHAIE, sénateur.

Danemark. — M. von KRABBE, député au Folkething; M. BAJER, ancien député.

Espagne. — M. LLETGET SARDA, député; M. DE MARCOARTU, ancien sénateur.

États-Unis. — M. BARROWS, député; M. BARTHOLDT, député.

France. — M. Émile LABICHE, sénateur; M. DE LA BATUT, député; BERTRAND, suppléant, député.

Grande-Bretagne. — M. Stanhope et M. Randal Cremer, anciens membres de la Chambre des communes.

Grèce. — M. Nicolas Schinas, député.

Hongrie. — M. le comte Albert Apponyi, député; M. Pazmandy, député.

Italie. — M. Pierantoni, sénateur; M. Ferraris, député.

Norvège. — M. John Lund, président du Lagthing; M. Horst, président de l'Odelsthing.

Pays-Bas. — M. Rahusen, membre de la première chambre des États généraux; M. Tydeman, membre de la deuxième chambre des États généraux.

Portugal. — M. le Dr de Païva, député; M. le Dr Guimarâes Pedroza.

Roumanie. — M. Urechia, sénateur; M. Porumbaru, député.

Serbie. — M. Nikolaievitch, ancien président du Ministère, député; M. Gvozditch, conseiller d'État, député.

Suède. — M. Ernest Beckman, député; M. Ed. Wavrinsky, député.

Suisse. — M. Gobat, député; M. Richard, député.

M. Randal Cremer (*Grande-Bretagne*) rappelle les efforts faits par les membres anglais pour obtenir du Parlement britannique la ratification des conclusions de la Conférence de la Haye.

Il dépose le projet de résolution suivant :

La Conférence regrette que les conclusions du traité adopté par la Conférence de la Haye ne soient pas encore formellement ratifiées par toutes les puissances qui y ont adhéré, et invite le Conseil de l'Union interparlementaire à recourir aux divers groupes nationaux, pour faire connaître aux puissances retardataires son désir de voir rendre définitif dans le plus bref délai possible ce grand acte international.

Après un échange d'observations entre MM. le chevalier Descamps (*Belgique*), Stanhope (*Grande-Bretagne*) et d'Estournelles de
Constant (*France*), le projet de résolution proposé par M. Cremer
est adopté à l'unanimité.

M. Lorand (*Belgique*) a la parole pour une motion d'ordre.

Il se plaint de l'interprétation donnée par M. Yves Guyot, dans
le journal *le Siècle,* à la motion qu'il a fait voter à la dernière
séance. D'après cette interprétation, la Conférence aurait reconnu
la suzeraineté de l'Angleterre sur le Transvaal. L'orateur déclare
cette interprétation erronée.

M. Yves Guyot (*France*) répond qu'il use de son droit en in-
terprétant le texte voté de la manière qui lui paraissait la plus
satisfaisante.

M. Beernaert, *président,* rappelle qu'à la séance d'hier, la Conférence s'est refusée à émettre une opinion sur la situation du
Transvaal par rapport à l'Angleterre. Cette question n'a pas été
posée et le Président n'aurait pas permis qu'elle le fût.

M. Émile Labiche (*France*). Messieurs, au nom de mes collègues et amis du Groupe français, j'ai à vous exprimer mes remerciements pour l'honneur que vous nous avez fait en venant,
sur notre invitation, assister à la grande fête de la civilisation
par laquelle la France célèbre, actuellement, la fin du xixe siècle.

Cette fête ne devait pas être seulement celle des arts, de l'industrie, du travail; les représentants de la République française ont voulu qu'elle fût également la fête de la fraternité des peuples. (*Applaudissements.*)

Votre place, à vous, Messieurs, membres de l'Union interparlementaire pour la paix, y était donc marquée à l'avance.

Merci d'avoir répondu en si grand nombre à notre appel.

Nous espérons que vous aurez pu constater, pendant votre séjour parmi nous, combien notre patrie bien-aimée est profondément attachée aux grands principes de Liberté, d'Égalité et de Fraternité inscrits sur nos drapeaux.

Nous avons la conviction que notre Xe Conférence, qui a réuni, pendant quelques jours, dans la salle des séances du Sénat français, tant d'hommes éminents, dévoués aux idées de Justice et du Droit, ne sera pas inutile au triomphe définitif de la cause de l'Humanité par l'arbitrage et la paix. (*Applaudissements prolongés.*)

Permettez-moi un dernier mot au nom du Comité d'organisation de notre Conférence. Au moment de nous séparer, il nous reste à vous exprimer un regret : nous avions le projet, Messieurs et chers Collègues, de vous réunir avec vos familles dans des banquets et dans des fêtes.

Vous savez quel funeste événement, l'assassinat du roi d'Italie, nous a imposé le devoir de nous associer au deuil de nos amis en nous abstenant de toutes réjouissances officielles.

Cependant, comme nous savons que plusieurs membres de notre assemblée ont l'intention de prolonger leur séjour à Paris, nous pouvons leur donner l'assurance que ceux qui désireront assister, avec leur famille, aux réunions officielles, pourront y être admis sur la présentation de la médaille commémorative de notre Xe Conférence; quant aux réceptions sur invitations personnelles, il leur suffira, pour recevoir ces invitations, de prévenir, en temps utile, un des secrétaires de notre bureau, qui va rester, pendant quelques semaines, à la disposition des membres de notre assemblée. (*Applaudissements.*)

M. BEERNAERT, *président.* J'ai aussi un devoir à remplir, c'est celui d'adresser, au nom de tous les membres de la Conférence, à tous nos collègues français, nos remerciements de la cordiale hospitalité que nous avons reçue en France.

Je dois également rendre hommage à l'esprit de bonne entente qui n'a cessé de régner parmi nous pendant toute la durée de la Conférence. Moi aussi j'exprime la conviction que ses travaux seront féconds et que le Parlement international qui vient de siéger à Paris aura utilement servi la cause du bien et du juste. (*Applaudissements prolongés.*)

Je déclare close la Xe Conférence de l'Union interparlementaire, et je vous donne à tous, Messieurs, rendez-vous à Vienne en 1902!

La séance est levée à midi un quart.

ANNEXES

RAPPORT SUR LE PACIGÉRAT

ou

RÉGIME JURIDIQUE DE LA PAIX EN TEMPS DE GUERRE

présenté

À LA CONFÉRENCE INTERPARLEMENTAIRE DE PARIS DE 1900

par

le Chevalier DESCAMPS, Sénateur de Belgique.

Le problème de la paix internationale est complexe. Il présente des aspects politiques particuliers que nous n'avons pas dessein d'examiner ici. Il offre des côtés juridiques plus accessibles à des solutions générales.

Ce problème, envisagé dans son ensemble, ne comprend pas seulement le développement des garanties et l'établissement des institutions organiques de la paix entre les nations. Il embrasse aussi la détermination, pour le cas de guerre particulière entre quelques Puissances, de la condition juridique de tous les autres peuples qui poursuivent dans le monde le cours de leur vie pacifique.

Les relations entre les États grevés d'une guerre particulière et les nations demeurées sur toute la ligne en état de paix sont en effet par essence, des deux parts, des relations d'ordre pacifique.

Il y a lieu de s'étonner qu'à une époque où la vie internationale est si intense, où la solidarité des relations économiques est si grande, où le commerce pacifique entre nations semble pouvoir revendiquer, à tant de titres, de légitimes garanties, le droit des gens en cette matière demeure, sur nombre de points importants, livré en proie au désordre, à l'arbitraire, à l'incertitude. Ce serait, à coup sûr, une tâche particulièrement digne de l'intérêt des souverains et des Gouvernements que celle qui consisterait à examiner en commun le régime de la paix en temps de guerre, dans un esprit de bon vouloir pratique, dans une pensée d'amélioration, fût-elle partielle, en s'appuyant sur la solidarité des intérêts généraux et sur les exigences de la civilisation moderne.

Les Puissances réunies à la Haye se sont occupées de l'incidence de la guerre dans la société pacifique des nations pour régler en quelque mesure les rapports des belligérants entre eux, pour corriger dans cet ordre les abus extrêmes et adoucir les rigueurs des conflits armés. Elles n'ont pas perdu de vue l'autre côté du problème qui concerne les rapports des belligérants avec la communauté des États pacifiques, et qui, à ce titre, s'imposait par excellence à une Conférence de la paix. Elles ont adopté la disposition suivante : « La Conférence émet le vœu que la question des droits et des devoirs des neutres soit inscrite au programme d'une prochaine Conférence. » Un tel vœu constitue un appel adressé à toutes les bonnes volontés pour la réalisation d'un dessein auquel se rattache intimement le développement de la vie normale de tous les États. Il appartient à la Conférence interparlementaire, qui a si vaillamment pris l'initiative de l'institution d'une cour internationale d'arbitrage, de servir une fois encore les intérêts généraux de la Paix, en posant, d'une main ferme et sage, les premières assises du Pacigérat, c'est-à-dire du régime moderne applicable aux relations d'ordre pacifique en temps de guerre.

I

LE PROBLÈME DES RAPPORTS ENTRE BELLIGÉRANTS ET NON BELLIGÉRANTS CONSIDÉRÉ DANS TOUTE SON AMPLEUR ET PLACÉ DANS SA VRAIE LUMIÈRE. — LA SOLUTION ADÉQUATE DE CE PROBLÈME : LE PACIGÉRAT ET SES LOIS.

Des guerres particulières peuvent surgir dans la société des nations. Le régime de la paix et le régime de la guerre se rencontrent alors dans cette société, vivant côte à côte, entrant en contact sur des points multiples. Quelle est la loi de leur coexistence ?

D'aucuns ont prétendu que la recherche de cette loi ne peut aboutir, les prétentions étant contradictoires, et les droits respectifs, inconciliables. Ils ont conclu de là qu'il y a lieu de laisser aux faits le soin de dégager l'inconnue, suivant les circonstances. C'est reconnaître au fond la licence des deux parts, avec ses incertitudes, ses surprises, ses violences radicales en perspective.

Mais la consécration de l'anarchie dans les rapports de droit public ne peut être une solution définitive. Il y a un ordre juridique applicable aux relations entre les peuples. Ce que nous appelons conflit n'est le plus souvent qu'une apparence due à l'action troublante de nos passions ou à la faiblesse de notre intelligence qui s'arrête avant de s'être élevée à une loi supérieure de coordination.

Il faut rendre aux vieux errements internationaux cette justice, qu'ils ont beaucoup fait pour hérisser d'obstacles les abords du problème à résoudre en cette matière. La pratique a le plus souvent accusé dans cet ordre des mesures dictées par l'intérêt égoïste des uns, imposées par la force à la faiblesse des autres. Nombre de traités présentent historiquement le même caractère. Les lois intérieures des États, les jugements des tribunaux de prises portent davantage encore les traces de la violence au service de l'égoïsme. La doctrine, de son côté, est loin de s'être affranchie, comme il eût convenu, des préoccupations étroitement nationales pour n'envisager que la sereine et lumineuse majesté du droit.

En lui-même d'ailleurs, reconnaissons-le, le problème offre de grandes difficultés. Les peuples pacifiques ne sont pas, ce semble, sans quelque titre pour prétendre ne pas être gênés dans leurs mouvements par une lutte qui leur est étrangère. Les belligérants, de leur côté, semblent pouvoir réclamer non moins énergiquement leur liberté d'allure dans une lutte où tout peut être en jeu pour eux, jusqu'à leur existence. Concilier dans une synthèse supérieure, sans les sacrifier l'une à l'autre, deux situations qui semblent pleines d'antagonismes, n'est pas à coup sûr une tâche aisée. Mais plus l'œuvre est ardue, plus il importe de bien poser dans toute son ampleur le problème des rapports entre États belligérants et peuples pacifiques, plus il est nécessaire de présenter ce problème sous son jour véritable.

Pour atteindre ce but, portons d'abord notre attention sur l'origine de ce problème. Indiquer la manière dont une situation a été engendrée est souvent d'une extrême utilité pour l'éclaircissement des questions qui peuvent se rattacher à cette situation.

La donnée juridique, initiale et fondamentale, que l'on ne peut omettre ici ou laisser dans l'ombre sans s'exposer aux plus graves erreurs, c'est l'état de société pacifique dans lequel vivent les nations avant que n'éclate une guerre.

Le fait déterminateur de la relation juridique à élucider, c'est l'incidence d'une guerre particulière dans cette société.

Le problème à résoudre est donc celui-ci : fixer les conséquences juridiques, pour les relations d'ordre pacifique, de l'incidence de la guerre dans la société des nations.

Voici un groupe de nations indépendantes poursuivant dans la paix de la vie sociale internationale le cours de leurs destinées respectives. Un différend éclate entre quelques-unes d'entre elles. Ne pouvant se mettre d'accord par les voies amiables et n'ayant pas au-dessus d'elles de juge dont s'impose l'autorité, elles se dressent l'une en face de l'autre dans leur souveraineté propre et demandent finalement à la force la sanction de ce qu'elles jugent être leur droit. C'est un acte extrême, que le caractère de la société internationale — société de coordination et non de subordination — peut rendre légitime. Il s'agit de savoir de quelle manière et dans quelle mesure cet acte, auquel les autres nations sont étrangères, peut les affecter, alors qu'elles demeurent d'ailleurs avec les belligérants sur le pied de relations pacifiques.

Le recours aux armes employé comme moyen de terminer les différends entre États engendre entre les parties en conflit un ordre nouveau de relations radicalement différentes des relations précédentes, et caractérisées précisément par la négation de ce régime de paix qui présidait antérieurement au développement commun de leur activité. L'emploi réciproque de la violence devient la forme dominante de leurs rapports. Cet emploi est sans doute subordonné à certaines lois, conventions ou coutumes reconnues par le droit des gens. Mais ces règles ne limitent que dans une bien faible mesure le champ des atrocités guerrières. Nous demeurons, somme toute, en présence du jeu de la force avec ses coups prévus ou imprévus, ses mêlées sanglantes, ses assauts, ses ruines, ses suprêmes catastrophes. Ainsi, dans le domaine, complètement pacifique auparavant, des relations internationales, s'est introduit un ordre de relations foncièrement différentes des premières et où la paix s'efface sur toute la ligne devant la guerre ; c'est l'ordre des relations entre belligérants.

Si nous observons maintenant les rapports entre les États devenus ainsi belligérants entre eux et les États demeurés pacifiques, la scène change en quelque sorte du tout au tout. Ce qui caractérise cet ordre de relations, c'est la persistance, sur toute la ligne aussi, des relations pacifiques. Sur le terrain où fraient les belligérants et les non-belligérants, les uns et les autres apparaissent comme pacigérants.

Si le régime qui règle leurs rapports n'est pas le régime pur et simple de la paix ordinaire, c'est néanmoins un régime de paix, distinct du premier, non par son essence, mais par son champ d'application, où se rencontre un facteur spécial dont il est nécessaire et juste de tenir compte.

Nous sommes donc amenés à distinguer dans l'orbe de la vie internationale ces deux sphères d'action très distinctes à un point de vue général : la sphère de la lutte hostile où se meuvent les belligérants dans leurs rapports à eux et la sphère de la vie pacifique spéciale, propre aux rapports entre les États grevés d'une guerre particulière et les États étrangers à cette guerre ; en d'autres termes, la sphère de la guerre et celle du pacigérat. Et aux confins de ces deux sphères, le belligérant se présente à nous en quelque sorte comme le Janus antique, être à double face, l'une irritée, tournée vers l'adversaire, l'autre sereine, tournée vers les autres nations.

Si ces deux sphères demeuraient isolées, sans influence réciproque, sans compénétration, la démarcation qui les sépare serait toujours simple et nette, le problème des rapports entre belligérants et non belligérants différerait peu de celui de la vie pacifique ordinaire entre États et ne présenterait pas de grandes difficultés. Mais il n'en va pas ainsi dans la réalité de la vie internationale. Il existe, au contraire, des zones considérables d'influence réciproque et de compénétration.

Justement à l'abri d'actes hostiles dirigés contre eux, les Etats pacifiques ne peuvent demeurer à l'abri de toutes les conséquences de la guerre.

17.

Justement maîtres de réduire par la violence leur adversaire, les États belligérants ne sont pas maîtres de supprimer les conséquences résultant de la persistance générale du régime de la paix qui les relie aux États étrangers à leur conflit.

Le regard du jurisconsulte, après avoir saisi nettement la différence entre la sphère de la guerre où se mesurent les forces des États en lutte, et la sphère du pacigérat où belligérants et non belligérants rentrent comme coordonnés les uns aux autres sur le pied de relations pacifiques, se trouble facilement en présence des enchevêtrements et des amalgames qui se produisent aux confins de ces deux sphères. C'est là qu'il faut faire la lumière en traçant les délimitations nécessaires et en marquant les sacrifices réciproques justifiés.

Commençons par établir la légitimité de ces sacrifices que se doivent réciproquement le régime de la guerre et le régime de la paix existant face à face et mis aux prises sur les confins emmêlés de leurs domaines respectifs.

A coup sûr, les États pacifiques ont le droit de ne pas être traités comme belligérants par les États en guerre. Mais ils ne peuvent point prétendre pour cela n'avoir aucun compte à tenir du fait de la guerre. S'ils sont à l'abri des hostilités proprement dites, ils ne sont ni en fait ni en droit à l'abri de certains effets, de certaines conséquences de la guerre.

En fait, il n'est pas possible qu'ils échappent à toutes les suites des opérations guerrières. Pour qu'il en fût ainsi, il faudrait supposer qu'il existât entre eux et les belligérants une véritable muraille de la Chine : ce qui est contraire à la réalité. De mille manières, ils peuvent être atteints par l'incidence et les répercussions de la lutte armée. Plus les rapports internationaux se multiplient, s'entrecroisent, se solidarisent, plus ces contrecoups sont nombreux et considérables.

En droit, les peuples pacifiques ne peuvent d'ailleurs prétendre se soustraire d'une manière absolue à ces résultats. La guerre, en droit des gens, est un acte licite, se rattachant à l'état d'imperfection, au point de vue organique, de la communauté internationale. Tout État doit supporter éventuellement, dans une juste mesure, sa part des conséquences inhérentes à cette situation, comme il bénéficie, d'autre part, des avantages résultant de la société des nations. La solidarité internationale, non moins que l'usage que peut faire le belligérant de droits inhérents à sa souveraineté propre, impose donc aux États pacifiques de réels sacrifices, certaines diminutions de droit, certaines charges, qu'ils ne peuvent décliner sans renier la loi même du milieu social dans lequel ils poursuivent leur destinée.

Le belligérant peut bien moins encore prétendre s'affranchir des conséquences juridiques de l'état de paix dans lequel vivent les autres nations, soit entre elles, soit avec son adversaire, soit avec lui-même. Comment soutenir un seul instant qu'il lui appartienne de régenter, du chef de ses convenances ou suivant ses besoins, les autres peuples, ses égaux en souveraineté, ses amis dans la paix, et d'exercer sur eux une véritable dictature? Comment revendiquer pour lui, par exemple, le droit monstrueux d'atteindre l'ennemi, même à travers le cœur d'un ami, ou de forcer les autres peuples à graviter dans l'orbite de sa politique belliqueuse ou même d'interrompre le cours général de leurs relations ? « Si deux États se battent, le monde entier n'est pas obligé pour cela d'arrêter son activité, afin d'éviter qu'aucun souffle de cette activité ne profite ou ne nuise à l'un ou l'autre de ceux qui se battent; ce serait consacrer la thèse que les belligérants, comme tels, doivent dominer le reste du monde [1]. »

On le voit, ni l'État pacifique ni le belligérant ne peuvent légalement prétendre jouir de situations intégrales à leur point de vue. Des tempéraments, des restrictions sont légitimes de part et d'autre.

Observons bien la position différente au point de vue juridique des deux parties en voie de revendications réciproques.

Quels sont les titres dont l'État pacifique peut se prévaloir pour demander, avec le respect de ses droits propres, certains sacrifices aux belligérants ? La possession d'un état conforme à la vie normale des nations, existant avant la guerre, persistant sous la guerre, englobant ordinairement tous les peuples, à de rares exceptions près, pleinement accepté par le belligérant, celui-ci manifestant la volonté — c'est une donnée de la situation — de ne pas étendre les hostilités aux Puissances étrangères à son conflit, mais de demeurer au contraire avec elles sur le pied de paix.

---

[1] De Bar, *Observations sur la contrebande de guerre.* (Revue de droit international et de législation comparée, t. XXVI, p. 407.)

Quels titres peut invoquer, de son côté, le belligérant pour demander aux peuples pacifiques certains sacrifices? Cette circonstance qu'il se trouve avec une autre nation dans un état légitime sans doute, mais anormal, transitoire, exceptionnel, état résultant du fait exclusif des nations en guerre, et que les Puissances pacifiques ont le droit de considérer comme *res intra alios acta*, état contraire, d'ailleurs, à celui dans lequel le belligérant accepte de vivre avec elles et qui ne peut, dès lors, servir de point de départ à une altération de rapports qui relient les deux parties.

Plusieurs conséquences importantes résultent immédiatement de ces constatations. Bornons-nous à signaler ici les deux suivantes :

I. Le régime de paix demeure imperturbablement la loi commune des parties.

II. Ce n'est point par voie de rupture avec ce régime, mais sous forme de tempéraments d'application apportés à un régime persistant et reconnu, que certains sacrifices peuvent être légitimement demandés aux peuples pacifiques.

Le régime des rapports entre belligérants et non belligérants n'est pas un régime de création artificielle constitué par le belligérant en se fondant sur des maximes d'abstention ou d'effacement des États pacifiques, d'impartialité ou d'équilibre dans les faveurs ou les défaveurs. Le principe de paix commune et d'égale souveraineté est à la fois déterminateur de la base et régulateur des limites juridiques de ce régime.

Ce qui a contribué pendant si longtemps à favoriser les solutions erronées en cette matière, ce qui a fait si souvent prendre le change, c'est la manière dont s'est formé historiquement sur ce point le droit international. Celui-ci s'est, en effet, constitué non seulement sous l'action prépondérante, en fait, des belligérants, mais encore sous l'empire d'une conception tronquée de leurs rapports avec les peuples pacifiques.

La notion de la neutralité, nous le verrons, ne répond pas à l'idée pleinement exacte de ces rapports. Introduite à une époque où il s'agissait surtout d'arracher les peuples pacifiques aux dangers des compromissions guerrières, utilisée comme manœuvre de dégagement, elle a heureusement répondu autrefois aux nécessités de la situation.

Aujourd'hui, elle barre plutôt la route au progrès. Au lieu de partir de cette notion pour y rattacher tant mal que bien tout ce qui concerne les rapports entre belligérants et non belligérants, il faut, ainsi que nous l'avons observé, partir de la notion de la société des nations pacifiques et considérer l'incidence de la guerre dans le droit, antérieur à certains égards, de cette société et de ses membres. Alors seulement, le droit des peuples pacifiques en temps de guerre apparaît établi sur ses véritables assises. Alors aussi, le principe régulateur des limites qui fixent la coordination de ce droit au droit de la guerre nous apparaît dans sa réalité comme une application, dans des conditions particulières, de cette loi supérieure et unitaire de paix, vrai centre de rayonnement et foyer de convergence de toutes les manifestations de la vie internationale dans l'ordre que nous avons essayé de décrire.

II

NÉCESSITÉ D'UNE REVISION DE LA DONNÉE DE LA NEUTRALITÉ. — SERVICES HISTORIQUES RENDUS PAR CETTE DONNÉE. — OBSTACLES QU'ELLE OPPOSE ACTUELLEMENT AU PROGRÈS. — IMPOSSIBILITÉ DE FONDER SUR ELLE UNE CONCEPTION EXACTE ET UN SYSTÈME ORDONNÉ DES RAPPORTS ENTRE BELLIGÉRANTS ET PEUPLES PACIFIQUES. — NEUTRALITÉ NÉGATIVE ET PACIGÉRAT POSITIF.

La notion de la neutralité est universellement considérée comme la notion initiale et cardinale du système des relations juridiques auxquelles donne lieu l'incidence d'une guerre particulière dans la société des nations. C'est en l'évoquant que l'on commence l'exposé de ces relations. C'est sur elle, comme sur une pierre angulaire, que l'on fait reposer l'édifice juridique nouveau à construire dans cet ordre.

Nous voudrions montrer l'aspect défectueux, à certains égards, de cette donnée, l'impossibilité d'acquérir par elle — sans la forcer absolument — une notion exacte de la véritable relation juridique entre belligérants et peuples pacifiques, l'impossibilité plus grande encore d'établir sur une telle base le système général des droits et devoirs concernant cette relation.

La nécessité de chercher dans une autre donnée, dans une donnée lumineusement adéquate, l'expression exacte de la relation juridique mal représentée par la donnée de la neutralité, jaillira de cette critique fondamentale.

Cette donnée nouvelle se présentera à nous comme d'elle-même. Et la voie sera ainsi largement ouverte à la réalisation d'un important progrès dans l'ordre international.

Sans une revision fondamentale de la notion de la neutralité, il n'est pas possible d'asseoir sur une base solide le système des rapports entre belligérants et peuples pacifiques.

Le jurisconsulte qui essaie de tirer de la donnée de la neutralité les lumières nécessaires pour fixer juridiquement les rapports dont nous venons de parler se trouve en effet, à un moment donné, aussi embarrassé que le victimaire antique cherchant dans les flancs de l'animal sacré les secrets du destin.

D'une part, la donnée de la neutralité ne nous dit rien de la condition juridique du belligérant vis-à-vis des peuples pacifiques, et c'est là un point capital.

D'autre part, elle exprime la situation juridique des États pacifiques vis-à-vis du belligérant d'une manière incomplète et équivoque. Incomplète, car elle présente cette situation sous un aspect négatif, en laissant dans l'ombre l'aspect positif, qui est en réalité des plus importants. Équivoque, car elle prête à des interprétations qui n'ont pas peu contribué à altérer la vérité concernant les rapports entre belligérants et peuples pacifiques, et à couvrir les prétentions les plus abusives dans cet ordre.

Proprement, la neutralité ne nous dit que ceci : l'État qualifié neutre n'est ni pour ni contre les belligérants, ou, si l'on veut, n'est ni pour l'un ni pour l'autre.

Cela signifie-t-il que cet État doive demeurer dans une complète indifférence, n'étant « ni juge ni partie », comme l'a dit Klüber? On peut critiquer cette interprétation, et M. de Martens, non sans raison, l'a énergiquement rejetée [1]. Malgré certaines apparences contraires, neutralité n'est pas synonyme d'indifférentisme.

Entend-on par là que l'État qualifié neutre doive demeurer tout au moins dans l'inaction, se tenir tranquille, s'immobiliser en quelque sorte, pour permettre aux belligérants de mieux s'entr'égorger? Comment soutenir que

[1] F. de Martens, *Traité de droit international*, t. III, p. 314.

si deux États courent aux armes, le monde entier soit obligé d'arrêter pour eux son activité?

Faut-il comprendre la neutralité dans le sens du maintien d'un parfait équilibre entre les deux belligérants? Quelle situation constamment périclitante! Quelle voie ouverte aux interprétations arbitraires! Et comme la donnée de la neutralité, avec sa portée vague et élastique, peut faire prendre le change à de multiples points de vue!

On peut sans doute présenter des formules moins défectueuses, et celle de la non-participation impartiale aux hostilités a rallié les plus nombreuses sympathies. Mais elle est loin, nous le verrons, d'être satisfaisante et de dissiper les obscurités. Si elle répond à la préoccupation du belligérant en cas de guerre particulière engagée par lui, elle ne répond pas aussi heureusement aux sollicitudes, non moins légitimes cependant, des peuples pacifiques. Elle appelle exclusivement l'attention sur les devoirs de ceux-ci envers ceux-là, sans mettre dans le même relief la contre-partie. Elle renverse artificiellement les points de vue, tronque le problème juridique à résoudre et lui donne une solution aussi fallacieuse qu'incomplète.

Insuffisante à exprimer d'une manière adéquate les relations juridiques entre belligérants et peuples pacifiques, la donnée de la neutralité offre-t-elle au moins l'avantage de représenter d'une manière heureuse le fait qui donne naissance à ces relations, leur point de départ positif? Cela même est fort contestable. Le point de départ de ces relations, en effet, n'est pas, à proprement parler, un fait que l'on puisse rapporter aux puissances non belligérantes; il n'est pas quelque attitude spéciale différente pour eux de leur attitude antérieure. C'est, au contraire, un acte des belligérants, c'est l'irruption d'une guerre entre quelques États dans la société pacifique des nations. Ce fait, de lui-même et à lui seul, donne naissance à la répartition des membres de la société internationale en États belligérants et États non belligérants. Ceux-ci n'ont pas à prendre position, ils sont en position. Cela est si avéré, que l'on ne peut même exiger d'eux une déclaration positive de neutralité.

Il est bien vrai que si l'un d'eux s'immisce dans les hostilités, sa position sera compromise. Et l'on peut dire, à ce point de vue, que pour conserver cette position, il ne doit point participer aux hostilités. Mais ce sont là des

faits de second aspect et des prévisions éventuelles; des déductions nécessaires sans doute, consécutives pourtant, qui n'appartiennent pas à ce que
l'on peut appeler le point de vue initial. Le point de départ vrai de la situation
à régler ici est le fait unilatéral des belligérants.

Les publicistes définissent ordinairement la guerre au seul point de vue
des Etats en lutte. Mais, dans la conception exacte et complète de l'ordre
juridique international, la guerre est un acte à double incidence. Si elle est
pour les parties en conflit le recours à la force comme moyen extrême et
suprême de solution de leurs différends, elle est aussi, pour les autres
membres de la société internationale, comme le fait observer justement
M. de Martens, « une interruption violente du cours pacifique de la vie des
nations [1] ». Et l'on peut prévoir que ce dernier aspect acquerra dans l'avenir
une importance de plus en plus grande et très féconde en conséquences
juridiques.

Malgré les défauts que nous venons de lui reconnaître, le mot de « neutralité », emprunté à la basse latinité du moyen âge, a fait fortune non
seulement dans la langue française, mais dans beaucoup de langues modernes. Historiquement, il a rendu de grands services comme expression
caractéristique d'un état contesté d'abord et qui s'est, peu à peu, énergiquement affirmé dans l'ordre international. A l'ancienne maxime : « Qui
n'est pas pour moi est contre moi », il donnait cette réponse très nette :
« Je ne suis ni pour vous ni contre vous, je suis neutre. »

Introduit dans le droit des gens à une époque où il importait surtout de
dégager les nations pacifiques des compromissions guerrières que l'on prétendait leur imposer, il fut longtemps et justement considéré comme un
palladium d'indépendance et de vie paisible pour les Etats. Aussi longtemps
qu'il fut question, dans les rapports entre Puissances, de défendre le droit
pour les peuples de conserver la paix en face de la guerre, plutôt que
d'organiser le régime de la paix en temps de guerre et d'asseoir ce régime
sur des bases juridiques stables, la notion de neutralité répondit heureusement à une préoccupation internationale dominante.

Après avoir fait ainsi beaucoup de bien, il est arrivé à cette notion de

---

[1] F. DE MARTENS, *Traité de droit international*, t. III, p. 3 ; 5.

faire quelque mal. Son sens naturellement négatif a contribué pour une large part à fausser, dans la pratique et dans la théorie, le système général des rapports entre belligérants et peuples pacifiques. Il a fourni aux premiers les armes les plus dangereuses.

Sur le fondement de la donnée de la neutralité considérée comme donnée négative, abstentionniste, équilibriste, les belligérants ont eu beau jeu pour développer, à destination des peuples pacifiques, tout un régime artificiel, composé de restrictions et de vexations, où la notion vraie des relations entre les uns et les autres n'apparaît plus que comme le ciel vaporeux de certains tableaux.

Ne rien faire et tout tolérer, n'est-ce pas l'idéal de la neutralité? Et n'appartient-il pas aux belligérants de rapprocher les neutres de cet idéal d'effacement?

Ceux-ci prétendront-ils échapper à ces exigences en revendiquant l'expansion de leur activité? Tombant de Charybde en Scylla, ils se trouveront alors aux prises avec un autre idéal de la neutralité, l'idéal de l'équilibre ou de la balance égale à tenir entre les deux parties, idéal périlleux entre tous.

L'influence exercée par la donnée de la neutralité sur la méthode généralement suivie dans l'exposé des rapports entre belligérants et peuples pacifiques n'a pas été moins pernicieuse. Elle est loin d'avoir disparu. Elle est saisissable dans tous les ouvrages de droit international relatifs à cette matière, même les plus récents, même les plus autorisés.

Elle s'accuse souvent dès les premiers mots consacrés à la définition de la neutralité. Le point de vue négatif y est exclusif ou dominant. Pour le conserver, les auteurs renoncent, sans motif justiciable, à la définition essentielle de la neutralité juridique, pour adopter une définition simplement nominale ou purement descriptive, lorsqu'ils n'en arrivent pas à abandonner toute définition.

L'état actuel des idées sur ce point mérite d'être signalé. On peut le caractériser en quelques traits.

Voici d'abord les publicistes qui trouvent la définition juridique de la neutralité tellement difficile, qu'il y a lieu d'y renoncer. Hautefeuille peut être considéré comme leur coryphée. « Je ne pense pas, dit-il, qu'il soit nécessaire de donner une définition de la neutralité; ce qui importe réellement, c'est de tracer d'une manière claire et précise les droits et les devoirs des neutres. Si ce but est atteint, l'on ne saurait regretter l'absence d'une phrase toujours imparfaite, toujours incomplète ; car il me paraît impossible de donner une bonne définition d'une position aussi complexe que la neutralité [1]. » L'auteur ne paraît pas avoir suffisamment remarqué que c'est précisément la formule générale cherchée qui donne son unité objective à la branche du droit qu'il étudie. Sans elle, la science relative à cet objet sera toujours défectueuse dans son exposition et le concept même de la neutralité ne sera qu'imparfaitement saisi.

La neutralité, indéfinissable ! Il y a, selon nous, dans cet étonnant aveu d'impuissance émané d'un éminent jurisconsulte, une indication précieuse à recueillir. Hautefeuille se sent au fond acculé à cette alternative : ou bien forcer outre mesure la signification du terme de neutralité pour l'appareiller au cadre général des droits et devoirs des peuples pacifiques, ou bien mutiler ce cadre pour conserver au mot neutralité quelque chose de sa signification native. Ni l'une ni l'autre de ces alternatives n'est faite pour lui plaire. C'est ainsi qu'il se réfugie dans l'abstention, qui n'a, au fond, d'autre signification que celle-ci : il est impossible de tirer des entrailles de cette donnée générale : la neutralité, — une représentation satisfaisante de la relation juridique exacte entre peuples pacifiques et Puissances belligérantes.

Les auteurs qui, à la différence d'Hautefeuille, estiment à bon droit qu'il y a lieu de définir la neutralité, en donnent pour ainsi dire tous une définition simplement négative. « Depuis la fin du xvııe siècle, nous dit Calvo, il n'est pas un seul publiciste qui ne se soit efforcé consciencieusement de donner une définition de la neutralité. Quels que soient les termes dont les uns et les autres se sont servis, tous sont d'accord pour poser la non-participation à la guerre comme condition essentielle de la neutralité. Les seules différences sensibles que l'on observe dans leurs définitions consistent en ce que ceux-ci la basent en outre sur une complète impartialité à l'égard des belligérants, tandis que ceux-là semblent par leur silence à cet égard n'en point faire une condition absolue et que d'autres admettent certaines réserves concernant les relations et les engagements existant entre les nations

[1] Hautefeuille, *Des droits et devoirs des nations neutres*, t. I, p. 165.

avant la guerre. » Et après avoir cité plus de vingt auteurs à l'appui de son observation, Calvo nous donne à son tour deux définitions. L'une est conçue en ces termes : « La neutralité est la *non-participation* à une lutte engagée entre deux ou plusieurs autres nations ». La seconde ajoute un trait à la première : « Nous considérons la neutralité, dit l'auteur, comme l'état d'une nation qui, pendant que d'autres se font la guerre, ne *prend aucune part, directe ou indirecte, aux hostilités* [1]. »

Quelques rares publicistes ont, il est vrai, en dépit de l'affirmation trop absolue de Calvo, forcé la signification du mot « neutralité » pour y introduire d'autres éléments que l'élément négatif. Mais ils se sont assez gravement trompés dans le choix de ces éléments. Les uns, comme Azuni, méconnaissant ce qu'il y a de spécial et de nouveau dans le régime de la neutralité, ont défini simplement celle-ci : « *la continuation exacte de l'état pacifique* ». Les autres, comme Heffter, ont ajouté à cette détermination la note de l'impartialité et ont défini en conséquence la neutralité : « *la continuation impartiale de l'état pacifique* d'une Puissance envers chaque partie des belligérants* [2] ».

Les auteurs les plus avisés se tirent d'affaire de la manière suivante. Ils donnent, en ordre principal, une définition négative de la neutralité. Puis ils font observer qu'il y a bien aussi dans la neutralité un certain côté positif qui n'est pas sans importance. « Les États qui ne prennent point parti pour l'un des belligérants contre l'autre, dit Rivier, sont neutres : *neutrarum partium, medii in bello*. N'étant ennemis ni de l'un ni de l'autre, ils sont désignés aussi par d'anciens auteurs sous le nom de *non hostes*. En vertu des liens qui unissent les membres de la famille des nations, on peut les dire amis de tous les deux; et ceci n'est point sans importance, car, en les qualifiant ainsi, on écarte de la neutralité l'indifférence et l'égoïsme [3]. »

Pour Bluntschli, « les États neutres sont ceux qui ne sont pas parties belligérantes et ne prennent part aux opérations militaires ni en faveur de l'un des belligérants, ni au détriment de l'autre ». « La neutralité consiste, dit-il, à ne point participer à la guerre et à maintenir la paix sur son

---

[1] Calvo, *Le droit international*, t. IV, p. 441. — [2] Heffter, *Le droit international de l'Europe*, § 144. — [3] Rivier, *Principes du droit des gens*, n° 210.

propre territoire [1]. » Ici encore apparaît en seconde ligne un élément positif, réduit toutefois au maintien de la paix sur le territoire neutre.

Ainsi, à part quelques auteurs qui caractérisent mal le côté positif de la neutralité, tous les publicistes nous donnent des définitions où le point de vue négatif est exclusif ou dominant. Il n'est pas sans intérêt de rechercher les causes d'une erreur aussi générale.

Chez certains auteurs, cette erreur s'explique par une méconnaissance de la différence qui existe entre une définition nominale et une définition réelle, et par une renonciation quelque peu inconsciente à nous donner une vraie définition de la neutralité.

La définition nominale, comme on le sait, se borne à éclaircir le sens d'un mot, en éveillant une idée suffisamment distincte de cette signification à l'aide d'équivalents grammaticaux, sans prétendre d'ailleurs procurer cette parfaite connaissance qui résulte de la claire vue des éléments constitutifs d'un objet.

La définition essentielle, au contraire, met en pleine lumière son objet en le représentant dans l'intégralité des éléments qui le constituent ce qu'il est.

S'agit-il de donner une définition nominale de la neutralité, sans autre dessein que d'éviter les malentendus? On peut se tirer d'affaire en rappelant la parenté du mot neutralité avec le latin *neuter* et en faisant observer que, conformément à son étymologie, ce mot sert communément à représenter, par opposition à l'état des belligérants, l'état des Puissances non belligérantes en cas de guerre particulière, état que l'on se borne à distinguer du premier, sans vouloir le caractériser juridiquement et en lui-même.

Dans cet ordre, les expressions « neutres », *neutrarum partium,* et de « non belligérants », *non hostes,* se valent, et cette dernière est peut-être la meilleure, parce qu'elle satisfait purement et simplement à une exigence élémentaire, sans éveiller de préjugés de nature à engager, dans une fausse voie peut-être, la définition essentielle.

Mais le droit international ne peut se borner à constater ce simple fait, de vulgaire évidence, que, lorsque éclate une guerre particulière, les membres de la société internationale se répartissent naturellement en belligé-

---

[1] Bluntschli, *Le droit international codifié,* trad. Lardy, § 742.

rants et non belligérants, et qu'il est d'usage d'appliquer à la situation de ces derniers la dénomination de neutralité.

Ce qu'il entend définir, c'est la notion de la neutralité, comme état et régime de droit, dans les éléments qui la constituent à ce point de vue et lui donnent une physionomie juridique. S'il peut admettre quelque définition nominale, c'est à titre provisoire, comme formule d'attente, mise un instant en avant par raison de méthode, mais destinée à s'effacer bientôt devant la formule supérieure d'une définition juridique essentielle et définitive.

Ces distinctions nécessaires ne paraissent pas avoir été suffisamment présentes à l'esprit de tous les auteurs. D'aucuns même se sont arrêtés à une pure définition nominale, sans paraître apercevoir à l'horizon une définition vraiment juridique.

Chez les auteurs qui se sont efforcés de donner une définition de cette dernière espèce, l'erreur que nous signalons semble provenir généralement de la transformation inconsidérée d'une obligation inhérente au régime de la neutralité en élément constitutif unique de ce régime.

La relation entre belligérants et peuples pacifiques, considérée en elle-même, saisie dans son fond, est une relation de paix réciproque, modifiée seulement à certains égards par les conséquences que peut produire l'engagement d'une des parties dans une guerre qui lui demeure particulière. Il ne faut pas définir la règle par l'exception, mais bien l'exception par la règle. Le régime des neutres est par essence une modalité du droit de la paix, et non, comme on le représente trop souvent, une partie, une annexe du droit de la guerre. Ne confondons pas le fait déterminateur d'une relation juridique avec la constitution intime de cette relation. La guerre — une guerre particulière — est le fait déterminateur de la répartition des membres de la société internationale en États belligérants entre eux, pacifiques envers les autres, et en États pacifiques sur toute la ligne. Mais la constitution intime des relations auxquelles donne lieu ce fait déterminateur est tout autre chose.

Cette constitution a pour caractéristique essentielle un régime de paix réciproque, encore qu'affecté de certaines modalités.

Ces modalités sont si peu subversives du régime fondamental, qu'elles apparaissent, au contraire, à la droite observation comme des conséquences de ce régime appliqué au fait de l'existence d'une guerre particulière dans la société des nations.

Elles ne se ramènent pas, au demeurant, au devoir, pour les peuples pacifiques, de ne pas prendre part aux hostilités. Elles renferment le devoir — objectivement et logiquement antérieur — pour les belligérants de ne pas impliquer dans les hostilités les États pacifiques, soit en faisant à leur égard des actes hostiles, soit en essayant de les transformer en coopérateurs ou auxiliaires de la guerre.

Il est facile de saisir, à la lumière de ces considérations, tout ce qu'il y a de justement reprochable dans cette définition de la neutralité : la non-participation aux hostilités. Définition superficielle et boiteuse, qui n'atteint qu'une des conséquences de l'état de neutralité, une condition de sa conservation.

Ce qui a fait prendre le change, en cette circonstance, à tant de publicistes, c'est un attachement trop étroit à la signification native du mot « neutralité ». L'aspect avant tout négatif de cette expression met naturellement l'esprit sur la voie des définitions négatives. Que de jurisconsultes se sont arrêtés ici, à l'écorce du mot, sans pénétrer au cœur de l'objet qu'ils entendaient définir!

Les accidents de définition, nous le savons, sont réparables dans les développements et les commentaires de la science. Bien des partisans de la définition négative de la neutralité se montrent heureusemnt, dans la suite, infidèles à eux-mêmes et accusent alors le côté positif du régime qu'ils ont d'abord assez mal caractérisé. Cependant ils ne parviennent pas à se dégager complètement du faux point de vue initial. C'est ainsi qu'on les voit commencer l'exposé des relations juridiques entre belligérants et non belligérants par l'examen des devoirs des neutres. Les meilleurs auteurs ne se font pas scrupule d'adopter ce procédé. C'est cependant une erreur grave et le renversement de tout système quelque peu ordonné.

Ainsi un fait anormal, passager, l'irruption d'une guerre partielle dans la société pacifique des nations, créerait tout d'abord des devoirs à ceux qui se bornent à rester ce qu'ils sont, à ceux pour qui ce fait est, dans toute la force du terme, *res inter alios acta !*

Ce ne sont pas les neutres qui ont d'abord des obligations à l'égard des belligérants, mais bien ceux-ci qui ont des devoirs envers ceux-là ; et ces devoirs concernent non seulement les rapports qui suivent la guerre déclarée, mais l'ouverture même des hostilités. Ce n'est pas, en effet, uniquement au point de vue des États en conflit que la question de la déclaration de guerre doit être examinée. Elle doit l'être, à un titre spécial, au point de vue des peuples pacifiques.

On dit, il est vrai, pour justifier la commune manière de procéder, que le neutre ne peut s'immiscer dans les hostilités sans perdre par cela même le bénéfice de la neutralité : ce qui signifie qu'il ne doit pas sortir de la situation qui est sienne sans supporter les conséquences de ce changement d'attitude. On pourrait dire semblablement que le belligérant ne doit pas troubler par des actes hostiles le régime de paix dans lequel il continue à vivre avec le neutre sans s'exposer à perdre le bénéfice de la localisation restreinte de la guerre. Mais avant de supposer ainsi que le neutre ou le belligérant deviennent auteurs d'actes étrangers à leur situation initiale, actes dont la gravité peut d'ailleurs varier, remarquons-le bien, et donner lieu à des responsabilités différentes qui sont loin d'avoir toutes pour conséquence la suppression de la neutralité, il importe, ce semble, de déterminer la condition juridique de l'un et de l'autre dans l'hypothèse où ils restent ce qu'ils sont. Il importe surtout de marquer la situation du belligérant à l'égard de ce régime de vie pacifique générale dans lequel la guerre fait irruption. La question si délicate de la sanction de la violation par le neutre de sa condition juridique comporte des distinctions nombreuses et doit d'ailleurs être examinée, non au commencement, mais à la fin de l'exposé des lois de la neutralité.

Ces éclaircissements nous permettent de comprendre combien est défectueuse la méthode actuellement reçue.

On a dit que la notion de la neutralité est essentiellement moderne et qu'elle a plus d'avenir que de passé. Ce qui paraît certain, c'est qu'un système pleinement satisfaisant des droits et devoirs qui se rattachent à cette notion est encore à faire. Il comporte, en quelque sorte sur toute la ligne, des renversements de points de vue.

L'axe de ce système doit être placé, non dans un mot incomplet et équivoque, mais dans le rapport objectif et complet entre les belligérants et les non-belligérants, considérés les uns et les autres dans leur milieu véritable : la société des nations pacifiques.

Que l'on ne croie pas que ces questions de méthode soient secondaires. Présenter dans sa vraie lumière et dans toute son ampleur le problème à résoudre et les données fondamentales de ce problème, traiter chaque question particulière à sa place et dans son ordre, adopter dans l'exposition des droits et des devoirs un procédé qui fasse saisir nettement leur mode de dérivation et d'enchaînement, est le meilleur, ou plutôt le seul moyen d'éviter les confusions et de répandre une égale lumière sur tous les points du sujet que l'on veut élucider.

Les questions de mots ont aussi leur importance, peu remarquée souvent, très effective parfois. Le manque d'un mot nécessaire peut avoir des conséquences singulières. Nous en avons un exemple dans la question qui nous occupe. Nous n'avons pas de terme pour désigner l'ensemble des rapports réciproques entre belligérants et non belligérants.

Le terme de neutralité, suffisant à la rigueur pour désigner une partie de ces rapports, pour représenter la condition des non-belligérants vis-à-vis des belligérants, est radicalement impuissant à exprimer soit la condition des seconds vis-à-vis des premiers, soit l'ensemble de leurs relations juridiques. Cette lacune a exercé une influence plus considérable qu'on ne le croit sur l'évolution du droit.

Une donnée nouvelle conviendrait parfaitement pour exprimer ces relations dans leur réelle consistance : c'est la notion de pacigérance ou de pacigérat. Le belligérant et le neutre ont une qualité commune dans leurs rapports réciproques : ils sont l'un et l'autre pacigérants. Le terme de pacigérat, employé et réservé pour désigner le régime applicable aux relations d'ordre pacifique en temps de guerre, semble aussi lumineux que compréhensif. Le pacigérat n'est point la paix pure et simple, mais la gestion, en cas de guerre particulière, des droits et des intérêts de la paix, tant du côté des belligérants que du côté des peuples pacifiques proprement dits.

La définition précise, adéquate de la véritable relation juridique entre les uns et les autres, sort comme d'elle-même des entrailles de cette donnée. Le pacigérat, en effet, peut être défini : *le régime de paix spéciale applicable aux relations des États grevés d'une guerre particulière avec les États étrangers à cette guerre, et consistant dans le respect réciproque par ces États de leur commune qualité de Puissance souveraine et pacifique.*

Cette donnée nous paraît réunir les avantages suivants :

Elle caractérise d'abord par son trait positif foncier le régime à définir en le distinguant du régime de la paix pure et simple : c'est un régime de paix spéciale.

Elle signale ensuite le champ d'application de ce régime, la relation juridique à laquelle il s'applique : il s'agit de la relation entre États grevés d'une guerre particulière et États étrangers à cette guerre : expression qui permet même d'englober, comme il convient, divers États grevés de guerres particulières différentes, mais en paix entre eux.

Elle détermine ensuite l'essence du régime juridique à définir en fixant la loi fondamentale qui le constitue et qui est applicable aux relations précitées : c'est la loi du respect réciproque de la commune qualité de puissance souveraine et pacifique.

Si le régime des rapports entre les États ayant charge de guerre particulière et les nations exclusivement pacifiques est différent du régime en vigueur entre peuples francs de guerre sur toute la ligne, ce n'est pas, en effet, parce que la loi qui régit ces deux situations est différente en elle-même, mais bien parce que le champ d'application de cette loi diffère dans l'un et dans l'autre cas.

Qu'il n'y ait point de guerre particulière dans la société internationale ou qu'une telle guerre surgisse entre quelques-uns de ses membres, la double qualité de Puissance pacifique et de Puissance souveraine doit être réciproquement respectée par les États qui n'ont point maille à partir entre eux. En d'autres termes, la fidélité imperturbable à la paix et la sauvegarde réciproque des souverainetés en présence est le principe régulateur des relations juridiques entre ces États. Seulement, dans le second cas, un élément spécial — le fait de l'engagement d'une des parties dans une guerre étrangère à ses relations avec l'autre partie — vient différencier, à certains égards, le terrain d'application de cette règle commune. Cette différenciation s'accuse de la manière suivante.

En l'absence de guerre particulière, le principe de la fidélité commune à la paix exclut simplement tout *acte hostile* d'un État envers l'autre.

En présence d'une guerre particulière, ce même principe appliqué à ce fait spécial exclut, en outre, toute *implication* de l'État purement pacifique dans les hostilités existantes de la part des belligérants, comme toute *immixtion* dans les hostilités de la part de l'État pacifique.

Semblablement, en l'absence de guerre particulière, le principe du respect réciproque des souverainetés en présence concerne les attributs souverains des États et leur rayonnement dans un domaine limité aux horizons purement pacifiques.

En présence d'une guerre particulière, ce respect comprend, en outre, un usage licite de ces attributs, approprié à la légitime tendance de chaque Puissance en pareille circonstance. Cette tendance s'accuse pour le belligérant dans le droit d'adopter, quant à ses rapports avec le non-belligérant, dans les limites du respect dû à l'ordre commun de la paix et à la souveraineté de l'autre partie, les mesures qui pourront l'aider à faire face à la guerre particulière dans laquelle il se trouve engagé.

Elle s'accuse, pour le non-belligérant, dans le droit de prendre, dans les mêmes limites, les mesures propres à l'exonérer des conséquences périlleuses et dommageables que peut entraîner pour lui une guerre étrangère.

Le principe de la juste application de la qualité commune de Puissance pacifique et de Puissance souveraine aux rapports mutuels entre belligérants et non belligérants jette une autre lumière sur le régime régulateur de ces rapports que la thèse, si pleine de malentendus et de confusion, de la balance égale ou de l'impartialité à observer à l'égard des deux belligérants.

La notion d'impartialité en cette matière est, en effet, fort équivoque.

On peut d'abord entendre par impartialité, ainsi que le fait observer Bluntschli, la simple abstention de toute participation aux hostilités. Mais c'est là une acceptation impropre. Suivant la juste remarque de Kleen, la conduite de celui qui s'abstient, ne pouvant être qu'une, sera nécessairement la même envers les deux belligérants, indépendamment de l'impartialité, de sorte qu'il n'y a pas lieu de se poser des questions relatives à cette dernière [1].

Aussi tel n'est pas le sens que l'on donne généralement au mot impar-

---

[1] KLEEN, *Lois et usages de la neutralité*, t. I, p. 212.

tialité, surtout lorsqu'on parle de non-participation impartiale. On distingue alors de la simple idée de la non-participation une autre idée : celle de la balance, de l'*égal traitement* appliqué aux deux adversaires en fait de faveurs ou de défaveurs.

Remarquons que, en soi, le fait d'accorder également aux deux adversaires certains secours de guerre constitue un égal traitement. Cette forme d'impartialité n'est cependant pas la neutralité. Comme le dit fort bien Philimore, « un peuple qui fournit aux deux parties des secours en hommes ou en argent peut être impartial, il n'est certainement pas neutre[1] ». Voilà donc un nouvel élément d'équivoque dans la donnée de l'impartialité.

En voici un autre. Faut-il concevoir l'égal traitement comme synonyme de stricte indifférence? A première vue, on peut être tenté de soutenir cette thèse. Elle n'est cependant pas juridiquement admissible. « Si on entend par là, dit Bluntschli, que l'État neutre ne doit manifester aucune sympathie pour l'un des belligérants et ne doit rien blâmer de ce que fait l'autre ou doit même garder l'attitude d'un juge impartial, cette manière de voir ne saurait être approuvée[2]. » Se plaçant au même point de vue, M. Rolin-Jaequemyns constate que « s'il y a une chose que chaque guerre nouvelle démontre, c'est le caractère non seulement insuffisant, mais fallacieux de l'ancienne définition : *neutrarum partium*[3] ».

Ainsi l'impartialité en matière de neutralité ne comporte pas l'égal traitement en fait de secours de guerre; elle n'emporte pas, d'autre part, le devoir d'une indifférence égale envers les deux belligérants. Quel est donc son terrain d'application?

Les uns répondent : le terrain des services d'humanité et de sociabilité; les autres employant une expression plus générale, disent : ce qui concerne indirectement la guerre.

Le terrain cherché n'est pas apparemment celui des faits qui n'exercent aucune influence sur la guerre : ce serait par trop absurde. Puisque, d'autre part, ce n'est pas celui des services directs de guerre, — que l'on ne peut fournir même également sans cesser d'être neutre, — le terrain en question

---

[1] Sir Robert Philimore, *Commentaries upon international law*, vol. III, p. 246. — [2] Bluntschli, *Le droit international codifié*, trad. Lardy, § 742. — [3] Rolin-Jaequemyns, *Revue de droit international et de législation comparée*, t. III, p. 125.

sera sans doute celui des services qui peuvent indirectement exercer une certaine influence sur les hostilités et dont l'octroi ou le refus, dans une mesure plus ou moins grande, est de nature libre pour l'État pacifique. C'est sur ce terrain que les auteurs les plus récents se placent pour formuler la règle de l'impartialité.

« L'impartialité neutre, dit Kleen, consiste en ce que l'État neutre accorde ou refuse à l'un des belligérants ce qu'il accorde ou refuse à l'autre, dans la même mesure et sous les mêmes conditions, bien entendu, en ce qui concerne indirectement la guerre [1]. »

Seulement, deux questions, qui ne sont pas sans importance, se présentent ici. Il faut préciser ce que l'on doit entendre par « ce qui concerne indirectement la guerre ». Il faut déterminer comment les peuples pacifiques s'y prendront pour être en mesure de tenir toujours une balance égale effective sur pareil terrain.

On saisit immédiatement le monde de controverses qui peuvent s'élever à ce propos. Elles sont, dans une large mesure, inextricables. En voici la raison.

La norme de l'impartialité érigée par tant d'auteurs en étalon juridique absolu et même en premier devoir des neutres, distinct du devoir de l'abstention des hostilités, ne présente, au fond, aucun de ces caractères. C'est une formule secondaire, utile à certains égards pour faire discerner une forme de participation aux hostilités et pour permettre plus facilement de s'en garer.

Ce n'est point, d'une manière générale, parce que la puissance pacifique traite inégalement les belligérants qu'elle est fatalement coupable : c'est parce que cette inégalité de traitement est justement considérée dans certaines conditions comme dégénérant en connivence guerrière. L'égalité et l'inégalité sont si peu, en elles-mêmes, un criterium absolu, que le traitement inégal qui ne constitue pas une participation aux hostilités ne peut être interdit et que, d'autre part, la participation aux hostilités, même par voie de traitement égal, est prohibée. Il ne faut donc pas considérer l'impartialité comme une règle cardinale, parallèle à la règle de l'abstention dans les hostilités et indépendante de celle-ci.

[1] KLEEN, *Lois et usages de la neutralité*, t. I, p. 212.

Il ne faut lui demander que ce qu'elle peut donner, c'est-à-dire un moyen subsidiaire de discernement pratique, subordonné à la règle primaire de la non-immixtion dans les hostilités, un principe de direction politique utile pour prévenir des responsabilités sur le terrain délicat de la complicité, une présomption commode pour écarter certaines réclamations sur ce terrain.

La pratique s'est inspirée, dans cet ordre, de sages maximes, fécondes en heureux résultats en tant qu'on leur reconnaît le caractère soit d'applications de la règle de la non-immixtion dans les hostilités, soit de mesures surérogatoires librement introduites par le désir d'aller au delà de ce qui serait strictement exigible en cette matière. Mais il faut se garder grandement d'enlever à ces dernières mesures leur caractère véritable. Or, c'est précisément ce que l'on est amené à faire lorsque l'on conçoit d'une manière trop indépendante de toute autre règle la maxime d'impartialité.

En résumé, il est nécessaire, pour constituer sur de solides fondements le régime juridique de la paix en temps de guerre, de poser la question sur son véritable terrain et d'envisager dans leur ensemble les rapports entre les Puissances qui sont belligérantes entre elles mais pacifiques à l'égard de toutes les autres Puissances, et les États demeurés en paix sur toute la ligne. Il importe de donner pour assise à l'édifice juridique à élever dans cet ordre par l'effort commun des nations civilisées, non la notion de la neutralité négative, mais la notion du pacigérat positif.

Il n'est pas question d'ailleurs de proscrire le terme de neutralité, mais d'en limiter l'emploi à des usages justifiés : la désignation d'un simple état de fait, la non-belligérance, sans prétention à caractériser cet état en lui-même et dans son fond ; l'expression d'un droit qui n'est plus contesté, le droit de rester étranger aux guerres d'autrui ; la représentation d'une obligation inhérente au régime général des rapports entre États belligérants et peuples pacifiques.

La notion de la neutralité étant ainsi réservée pour représenter ce qu'elle peut en effet justement caractériser, et les rapports généraux entre belligérants et non belligérants ayant trouvé dans la donnée du pacigérat leur représentation adéquate, la clarté des idées et la réalité des choses seront également sauvegardées, et la voie sera ouverte à la réalisation d'une œuvre conforme aux intérêts généraux de la communauté internationale et aux exigences progressives de la civilisation.

III

CONCLUSIONS.

I. *Parmi les questions qui doivent éveiller au plus haut point la sollicitude de tous les peuples civilisés et dont la solution relève par excellence de conférences internationales, il faut placer celle dont l'objet est de pourvoir, en cas de guerre entre quelques Puissances, à la condition juridique de tous les autres États poursuivant dans le monde le cours normal de leur vie pacifique.*

II. *L'intensité de la vie internationale, la solidarité des relations économiques, le caractère moderne des conflits armés, les besoins nouveaux de notre temps, les progrès de la civilisation dans tant de domaines exigent impérieusement aujourd'hui que le régime de la paix en temps de guerre, dégagé des incertitudes et de l'arbitraire, revête de plus en plus le caractère d'un régime nettement juridique dans lequel belligérants et non belligérants rentrent comme coordonnés les uns aux autres sur le pied d'une égale souveraineté et de la continuation effective des relations d'ordre pacifique.*

III. *Autrefois, à une époque où il importait surtout de dégager les nations pacifiques des compromissions guerrières qu'on prétendait leur imposer, lorsqu'il s'agissait pour les États en paix de revendiquer le droit de demeurer étrangers aux guerres d'autrui, la notion de la neutralité a rendu de grands services comme expression d'une liberté contestée d'abord, et qui s'est peu à peu énergiquement affirmée dans le droit international. A l'ancienne maxime :* « Qui n'est pas pour moi est contre moi », *elle donnait cette réponse très nette :* « Je ne suis ni pour vous, ni contre vous, je suis neutre ».

A l'époque actuelle, où le pouvoir de demeurer neutre n'est plus contesté, lorsqu'il s'agit d'organiser le régime de la paix générale en face des guerres particulières qui peuvent faire irruption dans la société pacifique des États civilisés, il ne faut pas demander à la notion de la neutralité ce qu'elle ne peut donner, à savoir : le principe organisateur du système des rapports entre belli-

gérants et non belligérants. Cette notion, en effet, ne nous procure pas une représentation exacte de la relation juridique complète entre peuples pacifiques et puissances belligérantes. Elle ne reflète qu'une face du problème auquel donne lieu l'incidence d'une guerre partielle dans la société des nations. D'une part, elle ne nous dit rien de la condition juridique du belligérant au regard des peuples pacifiques, et c'est là un point capital. D'autre part, elle exprime la situation juridique des États pacifiques vis-à-vis des belligérants d'une manière incomplète et à certains égards équivoque. Incomplète, car elle présente cette situation sous un aspect négatif, en laissant dans l'ombre l'aspect positif qui est de la plus haute importance. Équivoque, car elle est prête à des interprétations qui n'ont pas peu contribué à altérer la vérité concernant les rapports entre belligérants et peuples pacifiques, et à couvrir les prétentions les plus abusives dans cet ordre.

IV. *Le régime des rapports entre belligérants et non belligérants n'est pas un régime de création artificielle établi par l'une des parties en se fondant sur des maximes d'effacement des États pacifiques ou d'équilibre dans les faveurs ou les défaveurs. Le principe de paix commune et d'égale souveraineté est à la fois déterminateur de la base et régulateur des limites juridiques de ce régime.*

V. *Les belligérants et les non-belligérants ayant, sur le terrain où ils fraient, la qualité commune de pacigérants, le régime applicable à leurs relations est justement appelé pacigérat.*

La notion du pacigérat fournit au régime des rapports entre belligérants et non belligérants son véritable principe organique. Elle représente nettement la gestion, en cas de guerre particulière, des droits et des intérêts de la paix, entre les États engagés dans une guerre particulière et les États à tous égards pacifiques. Elle pose le problème de leurs rapports dans toute son ampleur et dans sa vraie lumière. Elle caractérise par son trait fondamental le régime régulateur de ces rapports, qui est un régime de paix réciproque, spécialisé seulement par son champ d'application et par les conséquences légitimes que peut produire, entre Puissances également indépendantes et demeurées amies, l'engagement de l'une des parties dans une lutte armée avec d'autres Puissances. Sans porter atteinte aux justes exigences des États ayant charge de guerre, elle rappelle énergiquement que, sur le terrain où se rencontrent les belligérants et les non-belligérants, les uns et les autres sont et doivent demeu-

rer pacigérants. Elle est assez large pour proscrire à la fois et avec la même rigueur toute immixtion dans les hostilités de la part des États pacifiques et toute implication de ces derniers dans les hostilités de la part des États en guerre.

Elle affirme enfin que le régime moderne des rapports entre belligérants et non belligérants n'est qu'une application, dans des conditions particulières, de cette loi supérieure et unitaire de la paix, qui, en dehors de la sphère limitée de la lutte armée où se meuvent les belligérants, continue, pour l'honneur et le bien de l'humanité, à présider au développement des peuples et aux destinées du monde.

UNION DE LA PRESSE

POUR LA PAIX ET L'ARBITRAGE INTERNATIONAL.

STATUTS HONGROIS.

CHAPITRE PREMIER.

SON BUT ET SON ORGANISATION.

Art. 1er. Cette Union est formée afin de propager d'une façon efficace et systématique l'idée de paix et d'arbitrage international.

Sont admis comme membres les rédacteurs et collaborateurs des journaux et autres revues périodiques qui prennent l'engagement de servir ces grands intérêts de l'humanité.

Les membres de l'Union gardent pleine indépendance pour toute autre question; ils ne sont liés qu'à la seule obligation morale de travailler de leur mieux et d'après un plan d'action concerté pour la cause de la paix et de l'arbitrage international, de se conformer aux résolutions que l'Union aura prises dans ce but, et en général de faire entendre en cas de conflits entre nations le langage du droit, de l'équité et de la conciliation.

Art. 2. Les membres de l'Union forment un groupe national dans chaque État; ces groupes s'unissent en organisation internationale.

Art. 3. Tout en conservant son organisation et action indépendante, l'Union de la presse pour la paix et l'arbitrage international entrera en rapport, par les voies ci-dessous indiquées, avec l'Union interparlementaire créée dans le même but, afin d'assurer dans la mesure du possible l'harmonie et par là l'efficacité de l'action des deux Unions.

Art. 4. Les groupes nationaux établiront eux-mêmes leurs règlements, dans les limites du présent statut. Ils communiqueront par leur bureau avec les organes centraux et les autres groupes de l'Union, ainsi qu'avec le groupe interparlementaire de leur pays.

Art. 5. Les membres de l'Union payeront une cotisation annuelle de 5 francs; la somme qui en résultera servira à couvrir les frais du groupe et ceux de l'organisation centrale, d'après un quotient fixé par le Conseil permanent. (Chap. iii.)

CHAPITRE II.

L'ASSEMBLÉE GÉNÉRALE.

Art. 6. Les groupes de l'Union se réunissent en assemblée générale une fois par an, à l'époque et à l'endroit fixés par le groupe national de la ville ainsi désignée. (Pour la première assemblée, voir Chap. vi.)

Art. 7. Sont admis à l'assemblée générale, avec droit de délibération et de vote, tous les membres d'un groupe national constitué, munis d'une légitimation de leur groupe. Pour les États où il n'y aurait pas de groupe national constitué, les rédacteurs et collaborateurs dûment légitimés des journaux et recueils périodiques qui auront déclaré au bureau central de l'Union (chap. iv) leur adhésion à son œuvre et à ses statuts pourront être invités par le conseil permanent (chap. iii) à assister à l'assemblée générale avec droit de délibération, mais sans droit de vote.

Art. 8. La direction de l'assemblée générale appartient au groupe national du pays sur le territoire duquel elle a lieu; ce groupe en désigne le président, le vice-président et les trois secrétaires. L'assemblée peut nommer en outre des présidents d'honneur appartenant aux autres groupes.

Art. 9. En règle générale, l'assemblée ne s'occupe que des matières mises à l'ordre du jour par le conseil permanent (art. 15). Les membres de l'Union sont donc priés de faire parvenir précédemment à ce conseil les propositions dont ils voudront saisir l'assemblée. Toute autre proposition ne sera discutée que si l'assemblée la prend en considération par un vote à la majorité des deux tiers des voix; ce vote a lieu après les explications sommaires de l'auteur de la proposition, sans discussion préalable; lorsqu'il est affirmatif, il a pour conséquence le renvoi de la proposition au conseil permanent, dont l'avis doit toujours être entendu avant la discussion de fond.

Nulle question sortant des limites tracées par le but de l'Union ne peut être admise à discussion. Le président de l'assemblée veille au maintien de cette règle; en cas de nécessité, il provoque la décision du conseil permanent.

Art. 10. Les votes sont recueillis au scrutin public par mains levées; le vote au scrutin secret a lieu si le président le juge nécessaire, ou à la demande de vingt membres ayant le droit de voter (art. 7). Les membres présents votent par tête.

Art. 11. Les procès-verbaux de l'assemblée générale et les documents annexés sont confiés au bureau central. Celui-ci donne communication des résolutions de l'assemblée aux groupes nationaux et au bureau de l'Union interparlementaire.

CHAPITRE III.

LE CONSEIL PERMANENT.

Art. 12. Le groupe national de chaque État nomme deux membres au conseil permanent; leur mandat dure trois ans.

Art. 13. Le conseil permanent prépare les délibérations de l'assemblée

générale, il èn exécute les résolutions avec le concours du bureau central
et des groupes nationaux; il prend l'initiative de toute action importante,
rentrant dans le but de l'Union, et dont la nécessité urgente s'imposerait
dans l'intervalle de deux assemblées générales.

ART. 14. Le directeur du bureau central convoquera sous sa présidence
le conseil permanent chaque fois que des raisons sérieuses en démontreront
la nécessité.

ART. 15. Le conseil permanent se réunira la veille de chaque assemblée
générale à l'endroit où celle-ci aura lieu, et sous la direction de son président (art. 8). Cette réunion fixera l'ordre du jour définitif de l'assemblée;
elle arrêtera les propositions du conseil permanent concernant l'endroit de
la prochaine assemblée générale et la nomination de présidents honoraires
(art. 8).

ART. 16. Le conseil permanent donne son avis préalable sur les propositions que les membres de l'Union lui auront précédemment fait parvenir
(art. 9) et sur celles qui lui seront renvoyées par l'assemblée (art. 9); il
établit d'année en année le quotient à prélever pour les frais centraux sur
les ressources des groupes (art. 5); il examine et règle les comptes du
bureau central (art. 18); il désigne l'emploi de l'excédent de caisse, et il
porte à la connaissance de l'assemblée générale les décisions prises en ces
matières.

ART. 17. Aux réunions du conseil permanent, le vote a lieu par tête
des membres présents.

CHAPITRE IV.

LE BUREAU CENTRAL.

ART. 18. Le bureau de chaque assemblée générale remplit les fonctions
de bureau central jusqu'à la prochaine assemblée. Ce bureau pourvoit aux

affaires courantes de l'Union; il communique, autant que les circonstances le demandent, avec les groupes nationaux de la presse et avec le bureau interparlementaire; il perçoit et il gère, en les faisant servir à leur but, les sommes contribuées par les groupes aux frais centraux de l'Union; à la fin de sa gestion, il rend ses comptes et il remet l'excédent de caisse au conseil permanent.

Si les mesures à prendre dépassent au jugement du président, directeur du bureau, la compétence de celui-ci, ou si l'exécution des résolutions de l'assemblée générale l'exige, le président convoque le conseil permanent.

CHAPITRE V.

RAPPORTS AVEC L'UNION INTERPARLEMENTAIRE.

Art. 19. Considérant l'identité du but des deux Unions, et considérant que l'efficacité de leur action en exige la parfaite concordance, il paraît nécessaire d'établir entre elles un contact permanent, sans porter préjudice à leur indépendance réciproque.

Dans ce but, le conseil provisoire prévu par l'article 20 de ces statuts se mettra en rapport avec le conseil interparlementaire, et en supposant — ce dont on ne peut douter — les dispositions favorables de celui-ci, les deux conseils arrêteront l'étendue et les formes des rapports mutuels. Le projet qu'ils auront formulé sera soumis à la prochaine assemblée générale de chacune des deux Unions, et, une fois accepté, fera partie de leurs statuts.

CHAPITRE VI.

COMMENCEMENTS D'ORGANISATION.

Art. 20. Jusqu'au moment où l'organisation internationale de l'Union de la presse sera complétée, c'est-à-dire jusqu'à la réunion de la première assemblée générale constituante, les groupes nationaux qui se seront constitués en donneront avis au bureau interparlementaire. Dans l'intérêt de la cause qui nous est commune, ils adressent à ce bureau l'appel fraternel de vouloir bien leur servir de centre provisoire et de se charger par intérim des fonctions que le bureau central de l'Union de la presse remplira plus tard.

Art. 21. Dès que trois groupes nationaux au moins se sont déclarés constitués, le bureau interparlementaire est prié de les inviter à nommer chacun deux membres d'un conseil provisoire qui sera convoqué par le directeur du bureau interparlementaire et fonctionnera sous sa présidence. Chaque nouveau groupe national, aussitôt constitué, nommera deux membres pour compléter ce conseil.

Art. 22. Le conseil provisoire prendra toutes les mesures nécessaires pour compléter l'organisation internationale de l'Union; il exécutera l'article 19 des présents statuts; il désignera l'endroit et fixera l'époque de la première assemblée générale constituante, à laquelle il présentera un compte rendu détaillé de son activité.

LISTE DES MEMBRES

DE LA Xᵉ CONFÉRENCE INTERPARLEMENTAIRE[1].

GROUPE ALLEMAND.

MM. BAUMANN (L.), Député au Reichstag.

*BECKH, Député au Reichstag.

BROEMEL, Député au Reichstag.

*BUDDEBERG, ancien Député.

CRUGER, Député au Landtag.

*DELSOR, Député au Reichstag.

ECKART, Député au Reichstag.

*EICKHOFF, Député au Reichstag.

*EISSEN, Député au Landeshauschuss.

*ERNST, Député au Reichstag.

FUCHS (Tн.), Député au Reichstag.

GAULKE (Dᴇ), Député au Reichstag.

GERSTENBERGER, Député au Reichstag.

GOSCHEN, Député au Landtag.

[1] Les noms marqués d'une astérisque sont ceux des membres présents à la Conférence. Les autres noms sont ceux des membres qui, ayant adhéré à la Conférence, n'ont pu y assister. Les membres italiens, notamment, ont été rappelés à Rome à la nouvelle de l'assassinat du roi d'Italie.

MM. GRABSKI (De), Député au Landtag.

*HAMMERSTEIN (De), ancien Député.

HANSSEN, Député au Reichstag.

HAUPTMANN, Député au Landtag.

*HAUSS, Député au Reichstag.

HAUSSMANN, Député au Reichstag.

HEIM, Député au Reichstag.

HEUSER, Député au Reichstag.

*HIRSCH, Député au Landtag.

*HOFFMANN, Député au Reichstag.

*HOFFMEISTER, Député au Reichstag.

HUG, Député au Reichstag.

JACOBSEN, Député au Reichstag.

JAEGEN, Député au Landtag.

*KINDLER, Député au Landtag.

KOHL, Député au Reichstag.

LENZMANN, Député au Reichstag.

MARBE, Député au Reichstag.

*MEROT, Député au Reichstag.

MULLER, Député au Reichstag.

*MULLER-MEININGEN, Député au Reichstag.

*OHLENHAUSEN, Député au Reichstag.

*OSTHAUS, Député au Landtag.

PACHNICKE, Député au Reichstag.

PELTASOHN, Député au Landtag.

PIERSON, Député au Landtag.

*PREISS, Député au Reichstag.

*RIFF, Député au Reichstag.

ROELLINGER, Député au Reichstag.

SABIN, Député au Reichstag.

MM. SAENGER, Député au Landtag.

    SCHAETTGEN, Député au Reichstag.

    * SCHMIDT (Reinart), Député au Reichstag.

    * SCHMITZ, Député au Reichstag.

    SCHULER, Député au Reichstag.

    * SCHWARZE, Député au Reichstag.

    STEPHAN, Député au Reichstag.

    STUPP, Député au Landtag.

    * STYCHEL, Député au Landtag.

    * SZMULA, Député au Reichstag.

    * TIMMERMANN, Député au Reichstag.

    * VONDERSCHER, Député au Reichstag.

    WERTHMANN, Député au Reichstag.

    * WETTERLE, Député au Reichstag.

    * WITTENDORF, Député au Reichstag.

    ZEHNHOFF, Député au Landtag.

    ZEHNTER, Député au Reichstag.

    ZWICK, Député au Reichstag.

GROUPE AMÉRICAIN.

MM. * BARROWS, Membre de la Chambre des représentants.

    BARTHOLDT, Membre de la Chambre des représentants.

GROUPE ANGLAIS.

MM. * AGG. GARDNER, Membre du Parlement.

    * BAMBRIDGE, Membre du Parlement.

    BRAMPTON GURDON (Sir), Membre du Parlement.

    BRUNNER (Sir John), Membre du Parlement.

MM. BUCHANAN (J.-R.), Membre du Parlement.

BURNS, Membre du Parlement.

*BYLES (W.-P.).

CAMERON (Sir Charles), Membre du Parlement.

CAMERON (R.), Député.

CHANNING, Membre du Parlement.

*CLARK, Membre du Parlement.

COLVILE, Membre du Parlement.

*CREMER (W. Randal), ancien Membre du Parlement.

*CURRAU, Membre du Parlement.

JONES, Membre du Parlement.

*KINNAIRD (Lord), Membre du Parlement.

*LAMBERT, Membre du Parlement.

*LAWSON (Sir Wilfrid), Membre du Parlement.

LLYOD GEORGE, Membre du Parlement.

*LOUGH, Membre du Parlement.

LUTTRELL, Membre du Parlement.

*MACLAREN, Membre du Parlement.

*MADDISON, Député.

*MATHER, Membre du Parlement.

MILNER (Sir Frederick), Membre du Parlement.

MOLLORP, Membre du Parlement.

*PEASE, Membre du Parlement.

ROLLIT (Sir Albert), Membre du Parlement.

*ROWLANDS, Membre du Parlement.

ROYDS, Membre du Parlement.

*SCHWANN, Membre du Parlement.

*SNAPE, Membre du Parlement.

*STANHOPE, ancien Membre du Parlement.

*STEADMAN, Membre du Parlement.

MM. THOMAS, Membre du Parlement.

WEDDERBURN (Sir WILLIAM), Membre du Parlement.

WEIR (GALLOWAY), Membre du Parlement.

*WILLIAMS (CARVELL), Membre du Parlement.

WILSON (HENRY), Membre du Parlement.

WILSON (JOHN), Membre du Parlement.

WOODHOUSE (Sir JAMES), Membre du Parlement.

GROUPE AUTRICHIEN.

MM. BOHATY (ADOLFE), Député.

*BURGSTALLER-BIDISCHINI (Le commandeur), ancien Député.

CAMPI (EDLER VON), Député.

*CELAKOWSKY (JAROMU Dr. Prof.), Député.

DOLEZAL (HENRI), Député.

DUBSKY (Comte ADOLFE), ancien Député.

*DULEBA (Le chevalier), Député.

DVORAK (Dr. JEAN), Député.

EXNER (Dr. Prof. GUILLAUME), ancien Député.

FORT (Dr. JOSEPH), Député.

*FOURNIER (Dr. Prof.), Député.

*GNIEWOSZ (Chevalier DE), Député.

HAASE (JEAN), ancien Député.

HAASE (Dr. THÉODORE), Député.

*HEROLD (Dr. JOSEPH), Député.

JANDA (HERMANN), Député.

JAROS (JEAN), Député.

*KAFTAN (JEAN), Député.

KAREIS (JOSEPH), Député.

KRAMAR (Dr. CHARLES), Député.

MM. *KURZ (Dr. Prof. GUILLAUME), Député.

KUSAR (JOSEPH), Député.

LAMMASCH (Prof. HENRI), Membre de la Chambre des Seigneurs.

LANG (CESTMIR), ancien Député.

*LANG (Dr. HYNEK), Député.

*LEWAKOVSKI, ancien Député.

MASTALKA (JINDRICK), Député.

MENGER (Dr. MAXIMILIEN), Député.

*MILLANICH (Dr. ALOÏS), Membre de la Chambre des Seigneurs.

PACAK (Dr. GUILLAUME), Député.

PERGELT (Dr. ANTOINE), Député.

*PIRQUET (Le baron PIERRE), ancien Député.

PODLIPNY (Dr.), Député.

ROSER (Dr. FRANÇOIS), Député.

*ROSZKOWSKI (Le chevalier Dr. Prof. DE), Député.

*RUSS (Dr. VICTOR), Député.

SCHWARZ (FRANÇOIS), Député.

SKARDA (Dr.), Député.

SPINDLER (ERWIN), Député.

STALITZ (Le chevalier VALSARINO DE), ancien Député.

WIELOWIEYSKI (Le chevalier Dr. DE), Député.

*ZACEK (Dr. JEAN), Député.

ZALESKI (Le chevalier DE), Membre de la Chambre des Seigneurs.

GROUPE BELGE.

MM. ALLARD, Sénateur.

ANSEELE, Député.

AUDENT, Sénateur.

*BEERNAERT, Député.

MM. BERGER, ancien Député.

BERTRAND, Député.

*BETHUNE (Le baron Paul), Sénateur.

*BIART, Député.

BOEL, Sénateur.

*BOUTTRIDER (De), Député.

BRULE, Sénateur.

CAMBIER, Député.

*CARTON DE WIART, Député.

DEMBLON, Député.

*DENIS, Député.

*DEPREZ, ancien Député.

*DESCAMPS (Le chevalier), Sénateur.

DUPONT, Sénateur.

*FERON, Député.

FICHEFET, Député.

*FURNEMONT, Député.

GILON, Sénateur.

*GOBLET D'ALVIELLA, Sénateur.

GROSFILS, Député.

HAMBURSIN, Député.

*HELLEPUTE, Député.

HEMRICOURT DE GRUNNE (Le comte), Sénateur.

HENRICOT, Sénateur.

HORST, Député.

*HOUZEAU DE LEHAIE, Sénateur.

HUART (Le baron d'), Sénateur.

*JANSON, Député.

*JEANNE, Député.

KOCH, Député.

MM. *LAFONTAINE, Sénateur.

*LALIEUX (DE), Député.

*LEMONNIER, Député.

*LORAND, Député.

*MAENHAUT, Député.

*MAGNETTE, Député.

*MEYERS, Sénateur.

*MICHA, Député.

*MONTBLANC (Le baron DE), Sénateur.

*MONTPELLIER, Député.

MOT (DE), Sénateur.

*NYSSENS, Député.

PASTUR, Sénateur.

PONCELET, Sénateur.

*RAEMDONCK, Député.

*ROSSELEUR, Député.

SADELEER, Député.

SELYS-LONGCHAMPS (Le baron WALTER DE), Sénateur.

*SIMONIS, Sénateur.

*THIENPONT, Député.

*TIBBAUT, Député.

TOURNAY-DETILLEUX, Député.

*VANDERVELDE, Député.

VAN VRECKEM, Sénateur.

*WIENER, Sénateur.

XIVRY (Le baron de ORBAN DE), Sénateur.

GROUPE CANADIEN.

MM. *DANDURAND, Membre du Parlement.

*HINGSTON, Membre du Parlement.

GROUPE DANOIS.

MM. ALBERTI, Député.
 *BAJER, ancien Député.
 *BERTHELSEN, Sénateur.
 *BLEM, Député.
 *BLUHME, Député.
 BORGJBERG, Député.
 *CHRISTENSEN, Député.
 HAGE, Député.
 HANSSEN, Député.
 *HOEGSBRO (Sofus), Député.
 *HOEGSBRO (Svend), Député.
 JENSEN (A.), Député.
 *JENSEN-SONDERUP (J.), Député.
 *KRABBE (De), Député.
 MEYER, Député.
 PHILIPSEN, Député.
 RORDAM, Député.
 *WINBLAD, Député.
 *ZAHLE, Député.

GROUPE ESPAGNOL.

MM. LLETGET-SARDA, Député.
 MARCOARTU (S. Exc.), ancien Sénateur.

GROUPE FRANÇAIS.

MM. *ARMEZ, Député.

MM. *ASTIER, Député.

*AUGE, Député.

*BAULARD, Député.

*BEAUQUIER, Député.

*BERTRAND, Député.

*BIZOT DE FONTENY, Sénateur.

*BLANC (Edmond), Député.

*BONY-CISTERNES, Député.

*BOMPARD, Député.

*BORDIER, Député.

*BOURGEOIS (Léon), Député.

*CAUVIN, Député.

*CHANDIOUX, Député.

*CHAPUIS, Député.

*CHASTENET, Député.

*CICERON, Sénateur.

*CLAMENT, Député.

COCHERY (Adolphe), Sénateur.

*COCHERY (Georges), Député.

*CRUPPI, Député.

*DEBUSSY, Député.

*DELBET, Député.

*DELPECH, Sénateur.

*DEMARÇAY, Député.

DESCHANEL, Président de la Chambre des Députés.

*DUNAIME, Député.

DUPUITREM, Député.

*ESTOURNELLES (D'), Député.

*FALLIÈRES, Président du Sénat.

*FANIEN, Député.

MM. *FORGEMOL DE BOSTQUENARD, Sénateur.

    *GACON, Député.

    *GALLEY, Député.

    *GARREAU, Sénateur.

    *GAYOT, Sénateur.

    *GAYRAUD, Député.

    *GERENTE, Sénateur.

    *GEVELOT, Député.

    GONTAUT-BIRON, Député.

    *GOTTERON, Député.

    *GRANDMAISON, Député.

    *GUILLAIN, Député.

    *GUYOT, Sénateur.

    *HAUSSMANN, Député.

    *LA BATUT (DE), Député.

    *LABICHE (ÉMILE), Sénateur.

    LALOGE, Député.

    LAROCHE-JOUBERT, Député.

    *LAROZE, Député.

    *LHOPITEAU, Député.

    *MALÉZIEUX, Sénateur.

    *MICHEL, Député.

    *MILLIÈS-LACROIX, Sénateur.

    *MORELLET, Sénateur.

    *MUTEAU, Député.

    *MUZET, Député.

    *OUTHENIN-CHALANDRE, Sénateur.

    *PAULIAT, Sénateur.

    PÉRIER DE LARSAN, Député.

    *PERREAU, Député.

MM.*PETITJEAN, Sénateur.

*PIETTRE, Sénateur.

*POURQUERY DE BOISSERIN, Député.

*POURTEYRON, Député.

*POZZI, Sénateur.

PUECH, Député.

*RICARD (Henri), Député.

*RIOU, Député.

*ROCH, Député.

*SAINT-GERMAIN, Sénateur.

*SAISY (Hervé de), Sénateur.

*SAL (Léonce de), Sénateur.

*THÉRON, Député.

*TRARIEUX, Sénateur.

*TREILLE, Sénateur.

VILLE, Député.

ANCIENS PARLEMENTAIRES.

MM.*BARODET.

*GUYOT (Yves).

*HUBBARD.

*LEFÈVRE-PONTALIS (Antonin).

*PASSY (Frédéric).

*SIEGFRIED.

GROUPE GREC.

MM. CHOIDAS, Membre du Parlement.

*SCHINAS, Membre du Parlement.

GROUPE HONGROIS.

MM. *APPONYI (Le comte ALBERT).

  *ASBOTH (JEAN D'), Député.

  *BOGDANOVICS (LUCIEN), Évêque, Membre de la Chambre Haute.

  *BOLGAR (FRANÇOIS), Député.

  BENKE (JULES DE), Député.

  *BENYOVSZKY (Le comte ALEXANDRE), Député.

  *BERZEVICZY (S. E. le Dr ALBERT DE), Député.

  *BLASKOVICH (ALEXANDRE DE), Député.

  *CSARADA (Dr JEAN DE).

  *DANIEL (GABRIEL DE), Vice-Président de la Chambre.

  *DESSEWFFY (ARISTIDE DE).

  *EGYEDI (ARTHUR), Député.

  *ESTERHAZY (Le comte KALMAN), Député.

  *FASSIE (THÉODOR), Député.

  *FOLDAVARY (ELEMER DE), ancien Député.

  *FULOPP (BÉLA), Député.

  GALL (JOSEPH), Membre de la Chambre Haute.

  *GHYCZY (S. E. BÉLA DE), Membre de la Chambre Haute.

  GOLDIS (JOSEPH), Évêque, Membre de la Chambre Haute.

  GYURKOVICS (GEORGE), Député.

  HEGEDUS (CHARLES), ancien Député.

  *HIERONYMI (S. E. CHARLES), Député.

  *HOCK (Dr Jean), Député.

  *HORTOVANYI (JOSEPH DE), ancien Député.

  *JAGICS (JOSEPH), Député.

  *JUSTH (JULES DE), Député.

  *KALLAY (LÉOPOLD DE), Député.

  KALMAN (CHARLES), Député.

MM.*KARATSONYI (Aladar), Membre de la Chambre Haute.

*KLOBUSICZKI (Jean de), Député.

*KOSSUTH (Le Commandeur François de), Député.

KRAJTSIK (Dr François), ancien Député.

*LANCZY (Dr Jules), ancien Député.

*LANCZY (Léon), Député.

*LATINOVITS (Géza de), Député.

*LESZKAY (Jules de), Député.

*MANASZY (Georges de), Député.

*MIKLOS (De), Député.

*MOHAY (Dr Alexandre de), Député.

*MOLNAR (José), ancien Député.

*MUNNICH (Dr Aurele de), Député.

*NEDECZEY (Jean de), Député.

OVARY (Dr François), Député.

*PAZMANDY (Denis de), ancien Député.

*PERENYI (Baron Sigismond), Député.

*PILDNER (François), Député.

*POPOVICS (Étienne Vazul), Député.

PUTNOKY (Maurice de), Député.

RAGALYI (Louis de), Député.

*RAKOVSZKI (Étienne de), Député.

ROSENBERG (Jules), Député.

*RUDNAY (Adalbert de), ancien Député.

*RUDNYANSZKI (B. de), Député.

*SAGHY (Dr Jules de), Député.

*SERBAN (Nicolas), Député.

*SZAPARY (Comte Ladislas), Membre de la Chambre Haute.

*SZAPARY (Comte Paul), Membre de la Chambre Haute.

*SZECHENYI (Comte Imre), Membre de la Chambre Haute.

MM. SZERB (Georges), Député.

SZILAGYI (S. E. Désiré de), ancien Président de la Chambre.

* SZTOJANOVICS (Baron Georges), ancien Député.

* SZULYOVSZKY (Désiré de), Député.

* TELEKI (Comte Alexandre), Député.

VERMIS (Bela), Député.

* VESZI (Joseph), Député.

VESZTER (Émeric), Député.

VISONTAI (Samuel), Député.

VOROS (Jean), ancien Député.

* ZICHY (S. E. le comte Eugène), Député.

GROUPE ITALIEN.

MM. CANTONI (Carlo), Sénateur.

CEFALY (Antonio), Sénateur.

D'ANTONA (Antonino), Sénateur.

DE CRISTOFARO (Barone Ippolito), Sénateur.

FE D'OSTIANI (Conte Alessandro), Sénateur.

FROLA (Secondo), Sénateur.

GRAVINA MARCHESE (Luigi), Sénateur.

PASOLINI (Conte P. D.), Sénateur.

PATERNO DI SESSA (Emanuele), Sénateur.

PESSINA (Henrico), Sénateur.

PIERANTONI (Augusto), Sénateur.

SENSALES, Sénateur.

TETI (Filippo), Sénateur.

TRINCHERA (Francesco), Sénateur.

AGGIO (Antonio), Député.

AGUGLIA (Francesco), Député.

MM. ALIBERTI (Gennaro), Député.

    ALTOBELLI (Carlo), Député.

    ANGIOLINI (Antonio), Député.

    APRILE (Barone Pietro), Député.

    BAGNASCO (Marquese Emmanuel), Député.

    BARAGIOLA (Pietro), Député.

    BARNABEI (Felice), Député.

    BARZILAI (Giuseppe), Député.

    BERGAMASCO (Eugenio), Député.

    BERTESI (Alfredo), Député.

    BIANCHERI (Giuseppe), Député.

    BIANCHI (Leonardo), Député.

    BORSARELLI DI RIFREDDO (Barone Luigi), Député.

    BOVI (Giovanni), Député.

    BRACCI (Conte Giuseppe), Député.

    BROCCOLI (Angelo), Député.

    BRUNIALTI (Attilio), Député.

    BRUNICARDI (Adolfo), Député.

    CALISSANO (Teobaldo), Député.

    CALLAINI (Luigi), Député.

    CALLERI (Enrico), Député.

  * CALVI (Gaetano), Député.

    CAMERA (Giovanni), Député.

    CAMPI (Emilio), Député.

    CAPALDO (Luigi), Député.

    CAPECE-MINUTOLO (Gerardo), Député.

    CASALE (Alberto), Député.

    CERIANA-MAYNERI (Conte Ludovico), Député.

    CERRI (Giovanni), Député.

    CICCOTTI (Ettore), Député.

MM. CIMATI (Camillo), Député.

CIRMENI (Benedetto), Député.

COCUZZA (Federico), Député.

COLAJANNI (Napoleone), Député.

*COLONNA (Principe Luciano), Député.

COMPANS (Marchese Carlo), Député.

CORTESE (Giuseppe), Député.

COTTAFAVI (Vittorio), Député.

CREDARO (Luigi), Député.

CURIONI (Giovanni), Député.

CUZZI (Giuseppe), Député.

D'ANDREA (Giuseppe), Député.

DANEO (Edoardo), Député.

DANIELI (Gualtieri), Député.

DE AMICIS MANSUETO, Député.

DE ASARTA (Conte Vittorio), Député.

DE BELLIS VITO, Député.

DE BERNARDIS (Giuseppe), Député.

DE GAGLIA (Michele), Député.

DE GIORGIO, Député.

DE GIORGIO (P.), Député.

DEL BALZO (Barone Girolamo), Député.

DE MARINIS (Enrico), Député.

DE NAVA (Giuseppe), Député.

DE PRISCO (Vincenzo), Député.

DE SETA (Luigi), Député.

DI GIACOMO (Annibale), Député.

DI LORENZO RAELI (Matteo), Député.

DI RUDINI (Marchese Antonio), Député.

DI SANT'ONIFRIO (Marchese Ugo), Député.

MM. DI STEFANO (Giuseppe), Député.

DONATI (Carlo), Député.

DONATI (Marco), Député.

DONNAPERME (Marchese), Député.

ENGEL (Adolfo), Député.

FALCIONI (Alfredo), Député.

FALCONI (Consigliere Nicola), Député.

FARINET (Alfonso), Député.

FERRARIS (Maggiorino), Député.

FERRERO DI CAMBIANO (Marchese Cesare), Député.

FIAMBERTI (Massimo), Député.

FRACASSI (Marchese Domenico), Député.

FRADELETTO (Antonio), Député.

FRANCICA-NAVA (Giovanni), Député.

FRASCARA (Giacinto), Député.

FULCI (Nicolo), Député.

FUSCO (Ludovico), Député.

GAETANI DI LAURENZANA (Conte Luigi), Député.

GALETTI DI CADILHAC (Colonnello Arturo), Député.

GALIMBERTI (Tancredi), Député.

GALLI (Roberto), Député.

GALLINI (Carlo), Député.

GARAVETTI (Filippo), Député.

GATTORNO (Federico), Député.

GAVOTTI (Gustavo), Député.

GIRARDINI (Giuseppe), Député.

LEALI (Conte Pietro), Député.

LEMMI (Silvano), Député.

LIBERTINI (Pasquale), Député.

LIBERTINI-PULCHINETTA (Gesualdo), Député.

MM. LUCCHINI (Angelo), Député.

LUCCHINI (Luigi), Député.

LUCERNARI (Conte Annibale), Député.

LUZZATTI (Luigi), Député.

LUZZATTO (Arturo), Député.

MACOLA (Conte Ferruccio), Député.

MAJORANA (Angelo), Député.

MANGO (Camillo), Député.

MANNA (Gennaro), Député.

MARCHESANO (Giuseppe), Député.

MARCORA (Giuseppe), Député.

MARESCA (Eugenio), Député.

MARESCALCHI (Alfonso), Député.

MARESCALCHI-GRAVINA (Luigi), Député.

MARZOTTO (Vittorio), Député.

MATERI (Francesco Paolo), Député.

MATTEUCCI (Francesco), Député.

MAURO (Tommaso), Député.

MAZZA (Pilade), Député.

MELLI (Elio), Député.

MENAFOGLIO (Marchese Paolo), Député.

MERCI (Cesare), Député.

MEZZACAPO (Guido), Député.

MONTEMARTINI (Luigi), Député.

MONTI-GUARNIERI (Stanislao), Député.

MORANDO (Conte Giacomo), Député.

NASI (Nunzio), Député.

NICCOLINI (Marchese Ippolito), Député.

NOCITO (Pietro), Député.

NUVOLONI (Domenico), Député.

MM. ORLANDO (Vittorio), Député.

OTTAVI (Eduardo), Député.

PAIRA (Angelo), Député.

PAIS-SERRA (Colonnello Francesco), Député.

PANSI, Député.

PANTALEONI, Député.

PANZACCHI (Enrico), Député.

PENNATI (Oreste), Député.

PICCOLO CUPANI (Consigliere Vincenzo), Député.

PINI (Enrico), Député.

PIOVENE (Nobile Felice), Député.

PIVANO (Carlo), Député.

PLUTINO (Falanzia), Député.

POZZI (Domenico), Député.

RACCUINI (Domenico), Député.

RADICE (Ercole), Député.

RAVA (Luigi), Député.

RICCI (Marchese Paolo), Député.

RIZZONE (Corrado), Député.

* ROCCO (Conte Marco), Député.

* ROSSI (Teofilo), Député.

ROVASENDA (Conte Alessandro), Député.

RUBINI (Giulio), Ministre du Trésor, Député.

RUFFO (Principe Ferdinando), Député.

SANTINI (Felice), Député.

SAPUPPO-ASMUNDO (Antonio), Député.

SCALINI (Enrico), Député.

SCARAMELLA-MANETTI (Augusto), Député.

SCIACCA DELLA SCALA (Barone Domenico), Député.

SEVERI (Giovanni), Député.

MM. SIMEONI (Luigi), Député.

SINIBALDI (Tito), Député.

SORANI (Ugo), Député.

SPAGNOLETTI (Orazio), Député.

SPIRITO (Francesco), Député.

TALAMO (Roberto), Député.

TOALDI (Antonio), Député.

TORLONIA (Duca Leopoldo), Député.

TURBIGLIO (Giorgi), Député.

UNGARO (Marchese Etrico), Député.

VALLI (Eugenio), Député.

VENTURA (Eugenio), Député.

VENTURI (Silvio), Député.

VICINI (Antonio), Député.

VIGNA (Annibale), Député.

VILLA (Tommaso), Président de la Chambre.

VISCHI, Député.

VISOCCHI (Achille), Député.

VITALE (Tommaso), Député.

VOLLARO DE LIETO (Roberto), Député.

ZABEO (Egisto), Député.

CAPILUPI (Marchese Alberto), ancien Député.

CERUTTI (Giuseppe), ancien Député.

CLEMENTE (Pasquale), ancien Député.

FABRIZI (Paul), ancien Député.

FAZZARI (Achille), ancien Député.

MENOTTI (Carlo), ancien Député.

PANDOLFI (Marchese Beniamino), ancien Député.

ROSANO (Pietro), ancien Députó.

RUGGIERI (Giuseppe), ancien Député.

MM. TOZZI (Giantommaso), ancien Député.

ZAINI (Domenico), ancien Député.

GROUPE NÉERLANDAIS.

MM.*ASCH VAN WICK (Van), Membre du Parlement.

*BOUMAN, Membre du Parlement.

*HESSELINK VAN SUCHTELEN, Membre du Parlement.

*HOUTEN (Van), Membre du Parlement.

KESSENICH, Membre du Parlement.

KESSENICH (A. Michiels de), Membre du Parlement.

*PINACKER HORDYK, Membre du Parlement.

*RAS (De), Membre du Parlement.

*SAVORNIN LOHMANN (De), Membre du Parlement.

*TYDEMANN, Membre du Parlement.

*VAN BASTEN BATENBERG.

GROUPE NORVÉGIEN.

MM.*HOEGSTAD, Membre du Storthing.

*HORST, Président du Odelsthing.

*LUND, Président du Lagthing.

*SPOERCK, Membre du Storthing.

GROUPE PORTUGAIS.

MM. ANDRADE (Dr Abel Pereira d'), Député.

CARVALHO (Cyrillo de), Député.

CASAL (Fr. Pessanha Vilhegas do), Député.

CASTRO (Luiz Philippe de), ancien Député.

MM. COSTA (Dr Affonso Augusto da), Député.

FALCAO (Dr Berquo Poças), Président de la Chambre des Députés.

*FONSECA (Dr A. Vellado da), Député.

*FONSECA (J. Augusto Ferreira da), Député.

FRAZAO (José Capello Franco), Député.

LAGOACA (Le Comte de), Député.

MAGALHAES (Dr J.-M. Barbosa), Député.

*MATTOS (José-Maria d'Oliveira), Député.

MONIZ (A. C. de Aberu Freire Egaz), Député.

*MONTEIRO (Alberte Alfonso da Silva), Député.

MONTEIRO (Dr Luciano Alfonso da Silva), Député.

OSORIO (Paulo de Barros Pinto), Député.

*PEDROZA (Dr A. Lopes Guimarâes), Député.

*PAIVA (Dr Joao), Député.

QUEIROZ RIBEIRO DE ALMEIDA E VASCONCELLOS (Dr. G. de), Député.

ROSADO (Da Costa Fortuna), Député.

SAMPAIO E MELLO (Dr de Roboredo), Député.

GROUPE ROUMAIN.

MM. BADULESCU, ancien Sénateur.

*BELLOESCO, ancien Sénateur.

BELVIANO, Membre du Parlement.

BUDISTEANO, ancien Sénateur.

BURGHELEA, Député.

*CIHOSKI, Député.

*CRATUNESCU, ancien Sénateur, Vice-Président du Sénat.

DANIELESCO, Député.

ENACOVICI, Député.

MM. GRADISTEANO, ancien Sénateur, Vice-Président du Sénat.

*JORGANDOPOL (Demètre), Député.

MALTEZIANO, ancien Député.

MILLO (Mathieu), Membre du Parlement.

MISIR (Vasile), Membre du Parlement.

OBEDEANU, ancien Sénateur.

PERIETZEANO, ancien Sénateur.

PIDEANU, Membre du Parlement.

POEANARU-BORDEA, ancien Député.

POPOVICI, Député.

*PORUMBARU, Sénateur.

PORVINEANO, Député.

*ROMANESCO, ancien Député.

*SAVEANU, Député.

*SEFENDACHE, Sénateur.

*STOYANESCO, Sénateur.

STRATE (Demètre), Député.

URECHIA, Vice-Président du Sénat.

VERICEANU, ancien Sénateur.

GROUPE SUD-AFRICAIN.

M. *WESSELS, Président du Parlement.

GROUPE SUÉDOIS.

MM. *BECKMAN (Ernest), Membre du Parlement.

ELOWSON (Gullbrand), Membre du Parlement.

GROUPE SUISSE.

M. BATTAGLINI, Député.

MM. *BIOLEY, Député.

BORELLA, Député.

CALAME-COLIN, Député.

CHAPPAZ, Député.

DEFAYES, Député.

*FOLLETÊTE, Député.

GALATTI, Député.

*GOBAT, Député.

ITEN, Député.

KUNTSCHEN, Député.

LAMBELET, Député.

LURATI, Député.

MANZONI, Député.

MOSIMANN, Député.

MEURON (DE), Député.

PERRIG, Député.

PIODA, Député.

*PREUX (DE), Député.

QUARTIER LA TENTE, Conseiller d'État.

RICHARD, Député.

*RUSCONI, Député.

THELIN (ADRIEN), Député.

THELIN (HENRI), Député.

ZURCHER, Député.

24

IMPRIMERIE NATIONALE.

LISTE DES MEMBRES

AYANT PRIS PART AUX DÉBATS DE LA Xe CONFÉRENCE.

TABLE DES MATIÈRES.

ANNEXES.

www.ingramcontent.com/pod-product-compliance
Lightning Source LLC
Chambersburg PA
CBHW071951090426
42740CB00011B/1901